JN027401

叢書・ウニベルシタス　1134

述語づけと発生

シェリング『諸世界時代』の形而上学

W. ホグレーベ

浅沼光樹・加藤紫苑 訳

法政大学出版局

Wolfram Hogrebe
Prädikation und Genesis
Metaphysik als Fundamentalheuristik im Ausgang von Schellings
"Die Weltalter"

述語づけと発生　目次

述語づけと発生——シェリング『諸世界時代』の形而上学

車輪を踏みつけるスピンクス
（シェリングの印章）

第1章　序

すでに始まってしまったのに違いないのなら、皮肉な態度で始めるのは賢明さの証拠である。「過去という泉は深い。その底はほとんど計り知られぬと言ってよかろう[1]」。底知れない場所に立って、作家は微笑みをたたえて話し始める。物語の精神がつねにすでに彼に先んじているからこそ、いっそう気楽に作家は話し始める。作家に何が必要だというのか。鐘はもう鳴っているというのに[2]。このように出来事の真只中ですでに事は始まっている。そうはいっても相対的な意味合いしかもたない発端がくりかえされるだけだ。過ぎ去ったもののなかには、しかし何かほかのものがないだろうか。歴史家はそのようなものを見出すが、作家はそうではない。そして政治家は歴史家のおかげでそれを手に入れるのである。このような発端――「ローマ建国以後（ab urbe condita）」（リウィウス）あるいは「ローマ建国以前（usque ad urbem conditam）」（ウェルギリウス）

――は実際の起源である。「こういう一定の集団内部の人々の」追憶は、そのような程度の発端で満足して、「自分たちの過去に関するかぎりは、あえてそれ以上の探索を試みようとはしないものらしい」(3)。作家は自分の発端が相対的な意味合いのものにすぎないということについては承知しており、「むろんそんなことで過去の深さが本当に測りつくされたとは言えない」(4)と教示をたれるかもしれない。こういうわけであるから作家は過去について皮肉な態度で物語ることによってつねに一過性のものにしか到達しない。この一過性のものは、一定の高みに達する場合には比喩となる。比喩がそれについての比喩であるもの〔原像〕については、作家はいかなる物語も語ることができない。この状況において助けとなるのは、荒涼とした思想だけである。思想には始まりも終わりもない。物語にはいつも始まりと終わりがある。しかし思想はそうではない。それゆえ、私たちは物語のなかでは安楽なのだが、思想のなかでは苦痛を感じる。それにもかかわらず私たちは思索にふける。思想の底知れなさの奥には世界の秘密が私たちのために匿まわれている。私たちにとって思想の底知れなさは、作家にとって過去という深い泉が果たしているのと同じ役割を果たしている。

深い泉はそれを知っている
昔は誰もが深く　沈黙していた
そして誰もがそれを知っていた(5)

思想の底知れなさの一番近くにいるのは、おそらく次のような人々であろう。つまり、沈黙して語らない人々、決して追憶しない人々、何も予感しない人々である。しかしこのような〈近さ〉の代償はどれほどのものになろうか。それにもかかわらず、ついに後代の人が臆することなくそれに近づいた。私たちが相変わらずそうであるように、彼らは黙して語らない部類の人ではなかった。私たちと同じく、彼らにとっても〈近さ〉の危険は、自分を喪失することなしに理解しえない、という底知れない危険である。

深い泉はそれを知っている
泉に身をこごめ　一人の男がその意味をとらえた
とらえてすぐまた　なくしてしまった

そしてあらぬことを口走り　歌をうたった――

過去の泉は深い。そして過去の計り知れなさを究めるのは誰にでもできる仕事ではない。それをする人は、運がよければ気が狂うであろうし、運が悪ければ哲学者となり、それに耐えなければならない。その哲学者の一人がシェリングであった。シェリングはそれを理解し、それにもかかわらず、それに耐え、泉に向かって告げた。

おお過去よ　お前　思想の深淵よ（6）

このような底知れなさについて、私たちは今日かろうじてわずかを知っているにすぎない。過去についてのシェリングの幻想的な思想も、ほとんどの人にとって過去という泉の奥深くに隠されたままである。なんとかシェリングの思想を理解しようとした人々もいたが、彼らもそれをなしとげられなかった。ふつう世界の秘密は死亡したも同然と見なされており、多くのいっそう慎重な人々も世界の秘密は〈消息不明〉だと考えている。しかし世界の秘密の活動を止める力を私たちがもっていないのもたしかである。もはや誰も世界の秘密を知らないとしても、幽霊のように何かが頭の中でちらついている。それは、いらいらさせる焦燥、とりとめのない憧憬、熱に浮かされたような思考などであるが、そのようなものが穴だらけの議論をもっともらしく見せ、ときには新時代が到来するとの淡い期待を抱かせることもある。〔そこで〕人々は〈自分はやってくるのが遅すぎたのだ〉と思い、またも〈この遅すぎたという気持ちを表明しさえすれば、過去という泉についての労苦と決別して安息の日々を送りうるのだ〉と信じるのである。このような苛立ちそのものはさしあたり否定的な現象ではない。しかしその内実はほとんどいつもたんなる不安でしかなかった。この不安に駆り立てられて、人々は〈愛想のよさ〉の同好会に入会しなければならないのではないか、と思うわけである。このような不安は議論からの本能的な逃走であり、たんなる〈コミットメントの削減運動〉でしかない。現代では世界の秘密は、このような退化した苛立ちの形をとって現前しているのである。ポストモダンはその兆候といえるだろう。とはいうものの、出産の時は到来しつつある。おそらく晩産の子どもにとってだけでなく、早産の子どもにとっても。しかしそれをすでに知っているのは、まだ生まれていない子どもだけではないだろうか。いったいそのほかに誰が知っているであろうか。それはその知を保持している人である。

深い泉はそれを知っている
昔は誰もがそれを知っていた
今では夢が　めぐりに輪を描きふるえている

シェリングはそれを理解し、それにもかかわらずそれに耐えた、と私は言った。シェリングが自己喪失の危険を冒しながら理解したものが、本書における私たちの主題になるであろう。むろん私たちが取り組まなければならないのは、今日の私たちにとっては翻訳なしにはとうてい理解できない思考である。シェリングの用語一覧は今日の私たちには馴染のないものになってしまった。したがって私たちは〔用語ではなく〕ことがらに即して、いいいい、シェリングの関心の所在をつねに推し量らなければならない。そうすることによって私たちはシェリングの言葉を理解しうるのである。この点に留意するとき、私たちはシェリングの翻訳の必要性について配慮しているわけである。それにもかかわらず同時に私たちは、自分たちがすでにシェリングよりも賢い、などとうぬぼれないように気をつけなければならない。もし私たちがシェリングの思考のさまざまな局面にあらわれる内省的性格を完全に無視しようというつもりがないのならば、そのような注意が必要なのである。

たしかにシェリングは、ある意味で分析的な観念論者とも名づけうる思想家である。しかしシェリングが分析によって解体するのは、結局のところ観念論そのものであり、彼が分解生成物として手にするのは観念論とは似て非なるものである。それは観念的なもの、概念的なもの、合理的なもののさまざまな前提なのであるが、このようなものをわがものとするには一種の内省的な感受性が必要とされるのである。このときシェリングは哲学のためにまったく新しい現象様態を手に入れ、まさにそうであるがゆえに自分なりのやり方で一定の要件も満たすことになった。それは、もし偉大な哲学が言説を分析する、あるいは言説を創設するエネルギーの解放によって定義されうるとするならば、古来、偉大な哲学の仕事の特徴と見なされてきた要件である。これらふたつの側面は分離・独立しようとする。哲学の言説分析の能力は〈人間理性の法廷〉という形で整備されている。この法廷は、憲法制定議会によって公布される憲法にもとづいて判決をくだすのではなく、合理性そのものにもとづいて判決をくだす。この合理性は書かれざる憲法によって方角を定めながら成功をおさめるのである。〔一方〕哲学の言説創設の能力は〈人間ノ条件（condition humaine）に対する感受性の陶冶〉という形で整備されている。それは、私たちの世間知という現象の深層構造を開発し、整理し、保存するが、世間並の交際を行なっていては、このような〔深層の〕現象様態は視野に入ってこないのである。しかし分析と診断というふたつの活動は結合されなければならず、まさにこのことが哲学にとって最も困難なのである。この哲学の側面をふたつとも模範的にそなえている著述家を哲学史の内に探し求めるならば、きっと最初にアリストテレスが念頭に浮かぶであろう。というのも、アリストテレスが史上初めて、言説分析そのものを言説創設として展開する、という不可能事を成しとげたからである。この企ての名は『形而上学』である。これと似ていることをカントは彼の『超越論的哲学』によって達成し、シェリングは彼の『諸世界時代』によって試みた。

アリストテレスやカントは時間的にいえば私たちからいっそう隔たっている。それにもかかわらず、シェリングの奇怪な思弁にくらべると、私たちは今日になっても彼らのほうにはるかに親しみをおぼえる。それではどのようにして『諸世界時代』に接近すればよいのか。第一に、この著作を単体で——つまり、この著作に至るシェリングの歩みとそれ以後のさらなる発展をいっしょに考慮せずに——理解させる、というのではまるで話にならない。〈それ以後〉とは、『諸世界時代』を書物として完成させる、という一八一〇年から一八一四年にかけての彼の（挫折した）努力のあとで、という意味である。このような大前提に留意するのは当然としても、〔構造分析のように〕この作品をそれ自身だけにもとづいて——つまり今日でも体系的に議論するに値するように思われる意図に即して——理解する、ということも依然として論外なのである。そのため私たちの側からシェリングの問題提起へと歩み寄る必要がある。〔もっとも〕このような譲歩をするからといって今日の（分析）哲学の型を否定する必要はない。しかしいうまでもないが、そもそもシェリングの関心と接点をもちうるには、この型をそれがもつ言説創設の能力の面に関して拡張しなければならない。このような歴史的・体系的要求は、『諸世界時代』への接近が有意義なものになるための前提として不可欠なのである。このような二重の要求を勘定に入れて、最初に私たちはシェリングの思考への入門としてひとつの素描を行なう。〔ただし〕この素描が学校風の予備学科に堕さないように、私たちはきわめて特殊な観点を選ぶだろう。この観点を採用することで、シェリングの発展は凝縮して叙述されうるのである。その観点というのはダンテに対するシェリングの関係である。自然についての大規模な教訓詩を執筆したいというシェリングの努力のなかで、両者の交わりは生じた（第1節から第7節）[7]。引き続いて私は『諸世界時代』の再構成への移行という作業に着手するだろう（第8節から第10節）。この移行作業では、述語づけの理論にもとづいて形而上学的問いが構成される。そのあとで最後に私は『諸世界時代』のいくつかの中心的な理念の再構成にとりかかろう（第11節から第20節）。

このような努力の自己理解にとって必要なので、最後にもう一言だけ言っておかなければならない。当たり前のことであるが、私は『諸世界時代』のすべての面を正当に評価するということを自分に対して要求しないであろう。とりわけ『諸世界時代』を体系的に再構成するなかで、私はそれがもつ神学的な野心を完全にぼやけさせてしまうだろう。解釈者のなかに次のような人がいるのを、私は知らないわけではない。彼ら（特にH・フールマンスやX・ティリエット）によると、私の企てはことがらに反しており、シェリングの動機となっているもろもろの意図と合致しないのである。それゆえこのように決断するに至った理由を、私はここで簡単に説明したい。私の見解では、『諸世界時代』

というシェリングの形而上学的企図は、その内的な方法論にしたがって見るならば、なによりもまず述語づけの解釈学とでも名づけうるようなものにほかならない。〈述語づけの解釈学〉は〈述語づけの図式を世界の図式として説明するもの〉とも言いかえられる。このように簡潔な言い方ではいささか大げさだと思われるかもしれない。しかしこのような表現によって私が示唆しているのは次のようなことでしかない。すなわち、シェリングの形而上学は、方法論という観点から見るならば、述語づけの理論に裏づけられた自然学だ、ということである。それゆえ、この方法論的な構造が実証されるならば、私たちはひとつの鍵を自由に操ってシェリングを解釈しうるわけである。この鍵を用いれば、シェリングの形而上学の〔根本的〕意味が解明されるだけではない。それ以外のあらゆる意味様態（Sinnbestand）が、大聖堂のようにこの土台〔根本的意味〕の上にそびえ立っているとするならば、私たちの鍵を使えば、これらの意味様態の〔特殊な色に染まっていない〕中立的な概要もいっしょに把捉されるのである。それゆえ、私たちの再構成の道筋が慎ましいものだとしても、それは恣意的なものではなく、ごく基本的なものにすぎない。

　こうして『諸世界時代』における歴史上のシェリングとの関係からみて、私たちの解釈の関心が限定的なものである、ということが説明されたことになる。しかしこれによって本解釈が現代の『諸世界時代』研究に対してどのような位置を占めるのか、ということもはっきりした。つまり、他の研究にくらべて私たちの解釈は〔あまりにも〕野心的である。それは一般的にいってもそうであるし、歴史的に見るならば疑いもなくそうなのである。そういうわけで先行研究から教えられる場合にも、いつも私たちは先行研究との根本的対決をしないですますことができた。(8) この種の対決を回避しえたのには、このようなシェリングとの貧弱な接触〔本書〕が最終的に目指しているのが本当はこれ〔本書〕とは別のものだ、という理由もある。実際のところ、シェリングの形而上学的思弁という〈述語づけの理論の母型〉にまでさかのぼったのは、私たちの時代のために形而上学的な問いを取り戻したいという明確な意図があったからである。それゆえ、このような意図からいえば、本解釈は試みに演奏してみたその序曲でしかない。このような企て〔形而上学〕が衰えつつあることについて筆者は十分に承知しているし、この序曲とは別に、そもそも形而上学を選択するということについて釈明しなければならない、ということもわかっている。今〔二〇〕世紀の哲学における言語論的転回以後、形而上学には無意味ではないかという嫌疑がかけられてきたが、このような嫌疑に対して釈明する義務があるのである。

しかし〔弁明という〕この責務こそが、形而上学的な問い〔の可能性〕をシェリングの思弁に即して検査してみようと思った動機でもあった。というのも、〔形而上学にかけられている〕無意味という嫌疑がそれ自体としてどれほどの有効性をもつのか、ということを精査したという点では、ニーチェを含めても、シェリングに匹敵しうる人はほかにいないからである。なぜなら、彼の精査の成果にしたがえば、〈或るものが存在する〉というのは何を意味しているのか、という問いを十分に徹底的に立てさえすれば、〔無意味であるという〕この《嫌疑》をまぬがれうる意味などそもそもない、ということになるからである。というのも、〈無意味である〉ということの源泉はまさに〈存在する〉ということにほかならないからである。つまり、私たちが最終的に〈ある〉ということで理解しているのは、あらゆる意味に先立つ何ものかなのである。この洞察の内についにシェリングに世界の秘密が、すなわち、〈ある〉は無意味である、という秘密があきらかになる。

この定式には情け容赦ないという魅力がある。しかしこのような定式は自己破綻している〔ように見える〕ので、そのような魅力も、言語分析の伝統的な〈意味の保全主義〉に敵対しようとする際に、形而上学という選択肢を却下しようというきっかけにしかならないかもしれない。というのも、この選択肢〔形而上学〕は次のような〈ある〉の意味の返還を求めているからである。つまり、言語によって証明しうる論弁というかかわりの内側に私たちがとどまるかぎり、ただ自己矛盾としてしかシミュレーションできないような〈ある〉の意味である。だからこそ〈ある〉の意味が消滅するか、あるいは崩壊する瞬間に、初めて私たちは〈ある〉の意味を会得するのである。しかしそうだとすると、このような〈意味の批判という境界領域〉を、その上さらに言葉によってありありと思い浮かべられるようにするのは、原理的にいって不合理である。けれどもこのような不合理が避けられないということが形而上学の本質に属している。この不可避性が《嫌疑》をこうむりうるのは、意味論的な観念論[9]という排他的な同好会のなか、つまり〈意味の保全主義〉の環境のなかにおいてだけなのである。それゆえ重要なのは形而上学を復興することではなく、形而上学の危険（リスク）がどれほどのものであるのかを査定するのを学ぶことなのである。というのも、形而上学の危険というのは、人類の合理性の危険なのだから。私たちがシェリングから学ぶことができるのはこのようなことなのである。

第2章　シェリングとダンテ——シェリングの思惟へのひとつの導入

第1節　ダンテ読書会

一七九九年一〇月一四日の月曜日、カロリーネ・シュレーゲルはイェーナから、娘のアウグステ[1]に宛てて手紙を書いている。

「……私のかわいい雛鳥さん……私たちは一生懸命イタリア語を勉強しています。毎晩七時にあなたの敬虔なお父さんフリッツ（フリードリヒ・シュレーゲル）が私たちに、シェリングと私に一時間の授業をしてくださいます。[2]ファイトさんも同席しています」。

ドロテア・ファイト——フリードリヒ・シュレーゲルの『ルツィンデ』——もこのイタリア語の授業について報告している。一七九九年一〇月一一日のドロテアの手紙には「イェーナでのこの上のない幸福、おだやかな生活、毎晩の「共同生活体」のダンテ読書会[3]……」と書かれている。さらにフリードリヒ・シュレーゲルも、一八〇〇年一月六日にシュライアーマッハーに宛てて〈ダンテ読書会〉の進捗について報告している。「私は彼（シェリング）とカロリーネと一緒にダンテを読んでいます。私たちはもう半分以上読みました。彼が何かを理解する才能をもっているとしても、その様子たるやまったく手に負えないほどです[4]」。

この読書会では、ダンテを読んだだけでなく、それを翻訳したばかりか、さらにテルツィーナ形式とスタンザ形式[5]の詩の自作も行なわれた。シェリングが訳したのは地獄の門に刻まれている銘と「天国篇」の第二歌である。一七九九年のクリスマスにはスタンザ形式の比較的長い詩が作られている。この詩は残っている。のちに『全集』に収録するにあたって編者が選んだのは「天上の絵」という表題であった。この詩はカロリーネを第二のベアトリーチェであるかのように賛美しているほか、それとはっきりとわかるように『神曲』の詩句への仄めかしがちりばめられている[6]。しかしこの詩が特別な意味をもっているのは、シュライアーマッハーへのフリードリヒ・シュレーゲルの報告によると[7]、この詩が自然を題材とする一大教訓詩の予告と考えられていたからである。ヘルダーによれば、ほかならぬゲーテが以前からそのような詩の構想に取り組んでいた。しかし一八〇〇年一〇月にカロリーネがシェリングに宛てた手紙からわかるように、まさにゲーテ本人がこのような詩の構想を正式にシェリングに譲渡したのだった[8]。この譲渡にあたって決定的だったのは、シェリングの最初の自然哲学的な諸著作――特に一七九八年に出版された『世界霊』――がゲーテに与えた強烈な印象であった。

さて実際シェリングはこの自然詩の実現につとめた。彼によると、この自然詩は同時に新時代の叙事詩になるはずであった。[9] もしダンテとシェリングの関係を正しく理解したければ、そして一八〇〇年以降のシェリングの哲学的発展をいっそう深く理解したければ、そのような理解にとってこの計画がもつ意味はどれほど高く評価しても評価しすぎるということはない。つまり、自然詩の計画が何を求め、その要求が哲学的にどのように正当化されうるのか、ということが、このような理解にとって重要なのである。いささか極端になるが、次のようにも言えるかもしれない。すなわち、この自然詩は、ソクラテスによってプラトンが哲学へと導かれ、詩との決別を果たして以来、哲学に対して大規模に試みられた詩の誘惑そのものであった、と。この誘惑はゲーテの狡猾な企みによっていっそう拍車がかけられたのである。シェリングが詩の魅惑に最終的に打ち克つまでには長い時間がかかった。このような抵抗運動の総決算がある意味ではシェリングの後期哲学なのである。

このような自然詩の試みと並行してシェリングは一七九九／一八〇〇年の冬学期から美学の講義に取り組んだ。[10] 一八〇二／〇三年冬学期には、シェリングはイェーナ大学で『芸術哲学』の講義を行なっている。[11] この講義は一八〇四／〇五年冬学期にヴュルツブルク大学で再び行なわれた。この講義の原稿はシェリングの遺稿にもとづいて『全集』の第一部、第五巻に収録され、一八五九年に出版された。「哲学的観点からみたダンテについて」は『芸術哲学』講義の一部であるが、それ自体として完結した論文である。この論文はシェリング本人によって一八〇三年に、ヘーゲルと共同で編集した『哲学批評雑誌』（第二巻、第二部、三九―五〇、五七―六二頁）に発表された。この論文と講義原稿の該当個所を比較してみても、大きな異同は見られない。ただし講義原稿においてはダンテについての論述の終わりにさらに「ダンテに寄す」（一八〇二年）と題するテルツィーネ形式の自作の詩が付け加えられている。[12] 芸術哲学についてのこれらの著作とはべつに『超越論的観念論の体系』――すでに一八〇〇年に刊行されている――は芸術を哲学一般との関係において考察しながら、純粋に思弁的な芸術理論を展開している。[13] この芸術理論そのものの起源を探し求めるならば、シェリングの初期の著作である『最古の世界の神話、歴史的伝説、哲理について』（一七九三年）や、なによりもまずいわゆる『ドイツ観念論最古の体系計画』（一七九六年頃）[14] の中心的思想にまでさかのぼる。

これらすべての著作がシェリングのダンテ解釈にとって重要な意味をもつ。それにもかかわらず、従来のダンテ研究はもっぱら『ダンテ論文』本体と『芸術哲学』のその前後の箇所だけに注目してきた。[15] このような基盤の上に立っているのだから、当然といえば当然であるが、シェリングのダンテ解釈に対する評価はいまだに定まっていない。両極端の評価だけを紹介するならば、E・アウエルバッハ（一九二九年）にとってシェリングの『ダンテ論文』は「ダンテと『神曲』について狭義のロマン派の人々によって書かれたもののなかで最重要のものである」[16] のに対して、ヴェルナー・P・フリードリヒ（一九五〇年）の判断にしたがえば「『神曲』に対するシェリングの評価は仰々しく謎めいていた」のである。[17]

もちろんこのような一見すると両立不可能に思われる特徴づけにも妥協案が考えられないわけではない。というのも、『神曲』の〈仰々しく謎めいた評価〉も依然として〈狭義のロマン派の人々によって書かれたもののなかで最重要のもの〉でありうるからである。しかしその種の妥協案は〈このような両極端の評価があり、これらのあいだで妥協が必要である〉という事実が意味していることを隠蔽するだけであろう。つまり、この事実は〈どのような動機にもとづいてシェリングがダンテの解釈に取り組んだのか〉という問題に関して哲学的な解明がいまだなされていない、ということの明白な指標なのである。したがって、シェリング哲学の研究者がシェリングのダンテ解釈について沈黙してきた、というのは非常に困ったことなのである。事実、一九七三年にマルチェラ・ロッデヴィヒが確認したように、「フィヒテの——しかし特にシェリングの——ダンテ解釈に関する研究には哲学的観点が欠けている[18]」ということが今もなおあてはまる。以下で私が行なうのは、この〈該当者なし〉を〈該当者あり〉にするための準備作業である。

状況は錯綜しているので、私は次の問題だけを取りあげる。すなわち、ダンテの『神曲』はシェリングの芸術哲学、あるいはシェリング哲学全体にとってどのような意味をもつのか、という問題である。

それゆえ第一に、ダンテに対するシェリングの関心の前提を形作っているさまざまな主張をなによりもまず体系的に把握する、ということが重要であろう。第二に、これらの前提にもとづいて行なわれる『神曲』解釈がどのような特徴をもっているのか、ということを解明しなければならない。第三に、シェリング哲学全体に対してダンテがどのような意味をもっているのか、といういっそう広範囲に及ぶ問題を究明しなければならない。

第2節　新しい神話の理念

一九三三年のクララ＝シャルロッテ・フックスの論文は今なおシェリングのダンテ解釈についての最良の解説である。正当にもこの論文は「シェリングの『ダンテ論文』に関しては哲学的観点から考察するということが最も重要である」[19]という洞察から出発する。ところが彼女曰く、まさにそうであるがゆえに「ただちに私は彼の『ダンテ論文』にとりかかり、しかも『芸術哲学』を重視する」[20]のである。

ところで言うまでもないが、このような取り組みを正当化するためにあのような理由があげられているのを耳にすれば、シェリングの専門家は啞然とするであろう。というのも、クララ＝シャルロッテ・フックスは実に正当にも〈シェリングのダンテ解釈は哲学的である〉ということを強調しているわけであるが、このことから自然に導きだされるのは——シェリングの専門家にとっては——次のようなことだからである。すなわち、ダンテを主題的に論じている著作からただちに始めるというのは不可能であり、そのような出発点としてふさわしいのは、むしろシェリングがダンテに哲学的な関心をいだくきっかけとなった著作である、ということである。この種の著作として真っ先に名前をあげなければならないのは、すでに言及した三つの著作である。第一の著作は『最古の世界の神話、歴史的伝説、哲理について』[21]である。この著作はすでに一七九二年、シェリング一七歳のころに書かれ、一七九三年に出版された。この論文においてシェリングが考察しているのは、先史時代における人類の知の原初的形態であり、《神話的哲学》の概念が展開されている。《神話的哲学》とは理性の原初的形態であるが、しかしこの形態は感性的なもので、想像力、記憶、口承伝統によって特徴づけられる。《神話的哲学》は、それが《超越論的神話[22]》となるとき、最初の完成に達する。《超越論的神話》は自然についての説明の一種である。これによると、超感性的で超越的な力にさかのぼることによって自然は説明されるが、とはいえこれらの力は人格をもった行為者としてあらわれるのである。[23]それゆえ、〈超越論的神話〉によって与えられるのは、今日の私たちであればアニミズム的世界像という名前で呼ぶであろうものである。[24]G・ヴィーコの伝統に立っているとは思いもよらずに、この著作は全体としていささか無頓着に、いまだ文字によって記録されていない知、言いかえると、文字によって殺されていない知がもっている原初的な生命力や感覚性を賛美している。[25]

このように一七九三年には原初的認識がもつ感覚性への賛美が行なわれているのであるが、私はこのような賛美は、私たちの脈絡において重要である第二の著作のなかで驚くべき形態をとってあらわれる熱狂と、あの胸を熱くさせる熱狂と同じものであると理解したい。私が念頭に置いているのは、いわゆる『ドイツ観念論最古の体系計画』（一七九六年頃）が定式化しているような〈新しい神話〉への要求である。このテキストの作者が誰であるのかはいまだ未確定（ヘーゲルかシェリングか、あるいはそれ以外の第三の人物か）であるけれども、このテキストにおいて述べられている構想が一七九三年のシェリングの初期論文『神話について』と一八〇〇年の『超越論的観念論の体系』をつなぐ一種の〈ミッシング・リンク〉の役割を果たしているのはまちがいない。『超越論的観念論の体系』は私たちの脈絡において重要な——つまりダンテに対するはっきりとした意見表明に先立つ——第三の著作である。ここでは詳細に立ち入る必要もないので、この三段階の歩みによって行なわれている発展を〈心理学で用いられている速記録(ステノグラム)〉をまねて次のように図示しうるだろう。

（i）一七九三年の『神話論』においては知の感性的〔感覚的〕形式についての熱狂が見られるが、それに続いて、

（ii）一七九六年頃になると〈新しい神話〉つまり〈理性の神話〉の計画が生まれ、この計画は最後に一八〇〇年になって、

（iii）次のような哲学についての理論になる。つまり、詩という母胎に回帰することによって神話という形態をとりつつ自己を完成する哲学である。

ところでふつう哲学のための計画というものは恣意的なものの混入を嫌がる。それゆえ、このような展開の各段階をたんに事実として確認するというだけでは不十分である。むしろこのような展開がもつエネルギーを可視化しうるのでなければならない。しかもこの可視化は、批判的な討論の俎上に載せることが可能なひとつの論証にもとづいて行なわれなければならないのである。私はこの論証を『最古の体系計画』[26]の一節にもとづいて再構成する。しかもこの論証は〈新しい神話〉という計画を

抱懐している美的観念論のための論証でもあるのである。絶対にこうでなければならないというわけではないけれども、この論証は一〇の段階をもつものとして再現できる。しかしこれらの段階は主題別にさらに三つのグループに分けられる。第一のグループは認識についての原始共産主義とも言えるようなロマン主義風のテーゼを述べている。

（一）　元来、あらゆる知は共有財産である。
（二）　知が共有財産でありうる唯一の形式は美的〔感性的〕形式である。
（三）　知の美的〔感性的〕形式は神話である。

この時点ですでに「元来、あらゆる知は神話である」という命題が導きだされる。さて論証の第二グループはカントの道徳哲学を形作る諸要素に照らして〈知の現状〉を反省するものであり、全体として〈啓蒙のテーゼ〉と名づけることができる。すなわち、

（四）　近代の知は理性についてのたんなる哲学的な知である。
（五）　理性についての知は実践によって実現されなければならない。
（六）　理性を実践によって実現するというのは自由を実現することである。
（七）　自由の実現のためには、今はたんに哲学的でしかない知が普遍的にならなければならない。

さて第一・第二グループの（一）から（七）のテーゼにもとづいて、以下の推論が導き出されるが、それらを総合してみると、それは〈美的観念論〉となる。

（八）近代の哲学的な知は美的〔感性的〕形式をとらなければならない（七、五、二から帰結する）

（九）近代の知の美的〔感性的〕形式は〈新しい神話〉である（八、三から帰結する）

（一〇）〈新しい神話〉は理性の神話である（九、四から帰結する）

こうして〈新しい神話〉への要求に〔論理的〕説得力がないわけではないことがわかる。では〈新しい神話〉への要求はどのような〔思想的〕身分をもっているのだろうか。それについては、ここでは少なくとも三つの点に注意しなければならない。

一、〈新しい神話〉への要求は非合理なものではない。もし啓蒙の完成がその社会的実現であるとするならば、〈新しい神話〉への要求を満たすということは、啓蒙の完成のための前提だからである。つまり〈新しい神話〉は通俗化されたカントの実践理性なのである。

二、〈美的観念論〉の計画にとって特徴的なのが前提（二）であるのはまちがいない。しかし言うまでもないが、この前提こそが問題含みなのである。それは次のことを考えてみるなら容易にわかる。すなわち、もし道徳的な制限を加える前提（四）―（七）から切り離されて、それのみがとりだされるならば、このテーゼは『二〇世紀の神話』（ローゼンベルク）のような奇形児を産みおとした〔新しい〕神話の計画とも協調性がある、ということである。なるほどこのような奇形児も〈新しい神話〉であった。しかしこの〈新しい神話〉については「体系計画」ならば「哲学者はそれを恥じ」なければならないと言うであろう。というのも、この〈新しい神話〉がまさに（四）―（七）が求めているような〈理性的な神話〉でない、というのは疑いないからである。実際、はっきりと述べられているように、何が理性的であるか、ということは決定ずみであり、理性がどのような形式をもつべきか、ということだけが問われているのである。

三、前提（二）についてのこれまでの考察にもとづいて、シェリングとヘーゲルとの対立も理解しうるようになる。そもそもヘーゲルはシェリング（やヘルダーリン）と同様に前提（二）を支持していた。しかしシェリングとは対照的にヘーゲルはイェーナ時代（一八〇一―〇七年）に、このテーゼと〈新しい神話〉の計画とを放棄した。哲学に美的〔感性的〕形式を与えるならば、たしかに哲学は通俗的になりうるけれども、その代償として哲学は非論証的にならざるをえない。このことをヘーゲルが洞察していたのはあきらかである。さてそれにもかかわらず、〔シェリングと同様に〕哲学の通俗化を啓蒙の使命と見なし、この計画に固執しようとすると、美的〔感性的〕でない通俗化の形式が構想されなければならない。実のところ、これ以外の選択肢は残っていない。まさにそのような代替案をベルリーン時代（一八一八年以後）のヘーゲルははっきりと思い描くようになった。クリスティアン・

ヴォルフの講壇哲学の伝統へ立ち戻り[27]、ヘーゲルは哲学の学習可能な形式、つまり百科全書（エンチクロペディー）的な形式を構想するようになったのである。このように啓蒙の完成形態をシェリングは〈新しい神話〉として、ヘーゲルは『エンチクロペディー』として構想したのであるが、これによってこれらふたつの形態は競合関係にある。もっともこのような見解は今のところまだ一般的ではないように思われる。

それにもかかわらず私たちの問いにとっては目下次のことだけが肝要である。つまり、シェリングはこの論証を堅固なものであると確信しており、一八〇〇年の『超越論的観念論の体系』において〈新しい神話〉への要求が取り入れられると、ただちにそれには哲学が詩へと回帰する際の媒介という役割が与えられる、ということである[28]。このような構想の論拠についてはのちにある程度詳しく述べるであろう。今のところさしあたって記憶にとどめておいてほしいのは、知の神話的な起源はいまやはっきりと哲学にとっての目標という機能ももつようになる、ということである。このような哲学の目標という機能は一八〇〇年頃に同時進行しているシェリングの〈新しい叙事詩〉の計画とも無関係どころではないのである。

第3節　自然についての壮大な詩

実際シェリングは、自分は〈新しい神話〉に詩という形式を与えて完成できる、と冗談半分に公言していた。このように楽観的であったのは、すでに自分自身の自然哲学によって自然哲学そのものが成熟に達し、自然哲学を詩へと変換するための準備がととのった、とシェリングが考えていたからである。それゆえ、〈新しい神話〉に詩の形式を与えて実現するという試みは、なによりもシェリングの自然哲学への取り組みによって〈堅信〉を授けられたのであり、この取り組みなしには理解できない。事実、〈新しい叙事詩〉への要求にとって核心をなすのは、この〈新しい叙事詩〉によって近代の知の全体が詩の形式で表現される、ということにほかならなかった。それでこの知の全体は——とシェリングは主張するのだが——必然的に宇宙についての知でなければならなかったのである。シェリングがこのような見解へと至る際に、その決定的な突破口となったのは、要するに〈フィヒテの主観的観念論の粉砕〉という当時のシェリング固有の哲学的業績である。〈自我の認識活動はそれが行なわれる超越論的な活動領域ともどもひとつの事実、つまり非我〔自我でないもの〕という性格をもつ事実である〉ということをシェリングは看破した。別様に表現するならば、カントやフィヒテの場合にそうであるように、〈私たちが世界を認識できるのは、私たちが世界を認識できるかぎりにおいてのみである〉ということは、なるほどその通りである。しかし〈私たちが世界を認識できる〉という事実はどうか。それもまた再び私たちの力能の性質なのだろうか。シェリングによると、この事実は世界の性質である。世界の認識はいずれにせよ世界の出来事でもある。認識する存在者を生み出すのは自然である。〈自然の産出活動〉はさまざまな主観の認識の機構や認識の作用を貫いてはたらいており、私たち自身の認識は自己自身を認識する自然にとってその記録文書（ドキュメント）にすぎない。いずれにしても、私たちは認識という事実とともに突如として自然から噴出するわけにはいかないのである。それゆえ、シェリングが主張するように、結局のところ、認識論には一種の宇宙論的な含意がある。この含意によると、私たちによる〈世界の認識〉はある意味で〈世界の成立〉の反復である。私たちにとって世界があるのは、そもそも世界があるからである。ところで人類の認識作用はもとをただせば空想や想像のはたらきである。したがって認識作用の起源は詩である。しかし〈認識のビッグバン〉ともいうべきこの原初的な詩は後代の陰画(ネガ)でしかない。というのも、この陰画(ネガ)の陽画(ポジ)は〈宇宙のビッグバン〉[29]だからである。〈宇宙のビッグバン〉は〈認識のビッグバン〔原初的詩〕〉にとって〈存在＝詩(オントポエティッシュ)〉的な前提であり、それを〈認識のビッグバン〔原初的詩〕〉は〈意味の出来事〉として再演しているだけなのである。

ところでこのような〈存在＝詩(オントポエティッシュ)〉的な性格をもつ〈宇宙のビッグバン〉について考えてみると、そのエネルギーの前提を形作っているのは、いかなる意味においても〈物理的なもの〉ではない[30]。したがってまたそのエネルギーそのものも〈制約されたもの〉ではなく、〈無制約的なもの〉でなければならない。それゆえ、もし宇宙についてその実際の始まりが問題であるとすると、このような宇宙の始まりに関する脚本(シナリオ)は——経験的な宇宙物理学の背後に回ることによって——ただ思弁によってのみ把握しうるのである。まさにこの脚本(シナリオ)は〈思弁的自然学〉の、あるいはむしろ〈宇宙＝存在論(コスモオントロギー)〉[31]の対象なのである。いま述べたような世界に先立つ〈無制約的なもの〉あるいは〈絶対的なもの〉、言いかえると〈自然に先立つ自然ならざるもの〉は、世界あるいは自然が自己を組織しようとするはたらきのエネルギーである。すなわち、そもそも世界を〔世界として〕あらしめる諸力〔エネルギー〕は、同時に世界を時間的なものにする諸力〔エネルギー〕でもあるわけである。これと同じことが、主観という水準に移されることによって、意識のあらゆる作用のなかでくりかえされる。すなわち、意識の作用も意識ならざる資源からそのエネルギーを得ているのであり、この意識ならざる資源によって精神の自己組織化のはたらきは維持されているのである。シェリングによると、まさにこのこと〔無意識なエネルギーによる意識的はたらきの自己組織化〕が芸術において純粋な姿で見出される。まさにそうであるがゆえに、芸術は〈世界を生み出す〈存在＝詩（オントポエティッシュ）〉的なエネルギー〉の客観的な反復なのである。これに対して哲学はそれを意識のなかで再構成するために〔無意識的なものをそのものとして保持しえないために〕、つねに主観的な反復にとどまる。そのかぎりにおいて一八〇〇年の『超越論的観念論の体系』のシェリングにとって「芸術は哲学の唯一にして永遠の道具（オルガノン）であり、同時に記録文書（ドキュメント）である(32)」。ここから自然な帰結としてさらに導きだされるのは、〈哲学は、自己自身が客観的であろうとするだけで、詩を用いて自己を記録しなければならない〉ということである。

したがって、シェリングが彼自身の自然哲学に自然詩という形式を与えることによって、それを客観化しようとしたのであれば、そのことは彼の美的観念論から導きだされるごく自然な帰結であった。一八〇二／〇三年の『芸術哲学』においてもシェリングは同趣旨のことをじつに明晰に述べていた。「すぐれた意味における教訓詩は宇宙を、あるいは〈諸事物の自然〉を題材とする詩でしかありえない。この教訓詩は知という鏡面に映しだされた宇宙の像を叙述しなければならない。それゆえ宇宙の完全な像が描かれるとすれば、それは学問においてでなければならないのである。……もし学問が宇宙とのこのような同一性にまで至ったとするならば、学問の素材だけでなく、その形式も宇宙の形式と合致しないわけにはいかない。そして宇宙そのものがあらゆる詩の原像であり、それどころか〈絶対的なもの〉そのものの詩であるならば、素材の面からだけでなく、形式の面からも宇宙との同一性に達した学問は、それ自体がすでに詩であろう。そのような学問は融解して詩へと変貌するだろう(33)」。

第4節　ダンテに対するシェリングの関心

ところで、一七九九年の終わりにシェリングがフリードリヒ・シュレーゲルを介してダンテを知ったときには、いま述べたような思想の骨格はすでに出来上がっていた。このことを私たちはありありと思い浮かべなければならない。シェリングがただちにダンテに魅了されたのは、『神曲』においてダンテが取り組んでいたのが次のような性格をもつ詩の創作だったからである。すなわち、これに先立ってシェリングは純粋に哲学的な考察にもとづいて〈新しい叙事詩〉がどのような要件を満たさねばならないのかを演繹していたわけであるが、ダンテの詩『神曲』は――ダンテの時代のためにという条件つきではあるにせよ――それとまったく同じ要件をしかも完璧に満たしており、その様子は記念碑と呼ぶにふさわしいものだったのである。言いかえると、これ以前にシェリングは将来の詩の形式が満たすべき要件を掲げていたものの、その要件はすでに近代の初頭にひとつの詩によってほとんど完全に満たされていたのである。あきらかに打ちのめされながらも、シェリングはこの事実を認めざるをえなかった。F・シュレーゲル[34]がシュライアーマッハーに報告しているように、『神曲』を習得しようとする際にシェリングが〈手に負えないほど〉の熱意を見せたのは、彼のもとに不意にこのような驚嘆すべき贈り物が届けられたからであるのは疑いない。ただもう少し仔細に述べるならば、シェリングにとって最大の魅力であったのは、この詩がもつ美的な諸性質ではなかった。その呆れ返るしかないほどの普遍性だったのである。このような普遍性を『神曲』はなによりも、ダンテの時代の知を遺漏なく統合していることによってそなえていた。シェリングの目に『神曲』が新しい時代の思弁的叙事詩にとってその範型として映ったとするならば、その理由はまさにこのようにダンテの時代の知の全体に詩的な表現が与えられていたからなのである。ホメロスは芸術の始まりであったし、もちろん終わりでもあるだろう。しかし近代の知に最終的に与えられるのがホメロス的な姿形であるにしても、その模範となるべきはダンテの『神曲』なのである。というのも近代的世界の叙事詩〔の実現〕のためにシェリングが求めたのはほかでもなく、「叙事詩の根本性質である普遍性を無視しない」ということ、言いかえると「時間のなかに分散しているが、しかしやはり断固として現存しているすべてのものを同じひとつの統一へともたらすことを度外視しない」ということだったからである。「……このような方法のひとつの試みによって近代詩の歴史は始まった。それはダンテの『神曲』である[35]」。

『芸術哲学』と一八〇三年の『ダンテ論文』においてシェリングは『神曲』の諸特性の内、〈『神曲』が普遍化の能力をそなえている〉ことを顕著に示している性質のみを強調している。しかしこの強調の背景にあるのはまちがいなく、私たちがこれまで見てきたような哲学的前提である。つまり、シェリングがもっぱら哲学的な考察にもとづいて新しい時代の叙事詩がどのような要件を満たすべきかを考えていたとき、すでにそのような要件から導きだされていた諸前提なのである。論文『哲学的観点からみたダンテについて』のなかでシェリングはこの論文の中心思想を今いちど簡潔に言いあらわしている。「一個人がどれほど多くの神話形成力をもちあわせているかは、時代がもたらす素材と自分の人生経験とを融合させて、それに特別な形態を与える際に費やされるエネルギーの量によって測られる(36)」。この尺度に照らしてダンテの詩は隈無く検査され、次のような診断がくだされる。「このような見地からみるとダンテはまさに理想的である。というのも、自分の時代の歴史と教養の全体を、つまり自分に与えられた唯一の神話的素材を、ひとつの詩という全体に結晶させるために、近代の詩人は何をしなければならないのか、ということをダンテは語ったからである。つまり、近代の詩人は完全に自由な意志にもとづいて〈寓意的なもの〉と〈歴史的なもの〉をひとつに結合しなければならないのである(37)」。ただこのような自由意志のみが、詩と作者が融合すること、作者がその詩とともに普遍的なものになること、個人とその世界が同一であることを保証するのである。ジャンル問題についてのシェリングの発言の背後にあるのも、これと同じものの考え方である。ここでもまた『神曲』は〈みずからが普遍的性格をそなえている〉ということを〈「自分自身以外のいかなるジャンルにも包摂され」えない〉という事実そのものによって立証する。この詩は「本来の意味の叙事詩でもなければ、教訓詩でもないし、小説でもない。〔それどころか〕この詩は、ダンテ自身はそう呼んでいるにもかかわらず、喜劇どころか劇ですらないのである。この詩はありとあらゆるものがこれ以上ないほどに分かちがたく融合しているもの、ありとあらゆるものがこの上なく完璧に相互浸透しているものである。……この詩はひとつのジャンルであり、近代の詩を最高度に一般的・普遍的な仕方で代表している詩である。この詩は個別に書かれる詩のひとつではない。それはあらゆる詩を包摂している詩、近代の詩そのものについての詩である」(38)。

シェリングがダンテを賛美しているということは、はっきりと感じとられる。しかしシェリングがダンテを賞賛するとき、同時にシェリングは〈『神曲』が〈新しい神話〉という自説の正しさをはからずも立証している〉ということに歓喜の声をあげている。もっと精密な言い方をすると〈〈新しい神話〉が歴史のなかで実現可能である〉ということの有利な証拠としてシェリングは『神曲』を褒め称えているのである。このような見地からすると『神曲』は〈模範的なもの〉と〈暫定的なもの〉というふたつの意味を同時にもつことになる。『神曲』は〈来たるべきもの〉を予示している。言いかえると、『神曲』そのものは自分が予示している地点にまで達していないわけである。しかし『神曲』は〈来たるべきもの〉を予示しているだけではない。同時に『神曲』は形式の面からであるにしても、すでに〈来たるべきもの〉の雛形でもある。一度ならずシェリングが断言しているように、彼の『ダンテ論文』によって「ダンテの詩〔『神曲』〕が近代の詩の全体にとってそれを預言するものであり、予型となるものであるということが示された[39]」のであるとするならば、ここでシェリングが行なっているのは、結局のところ、哲学的前提にもとづく『神曲』の〈予型論的解釈〉なのである。言いかえると、シェリングは『神曲』を来たるべき詩の予型と解する。つまり、この来たるべき詩が原型の位置を占め、それによって初めて『神曲』の預言と約束が実現されることになるのである。

ところでもし残念なことに、私たちの問題の所在がこれまで予想されていたよりもさらにいっそう深いところにまで届いていないとしよう。もしそうなら、実際シェリングの論文『哲学的観点からみたダンテについて』に関しては、ここまでの調査内容を超えて哲学的観点からこれ以上何も言うべきことはないであろう。そのときはクララ＝シャルロッテ・フックスによる細部については信頼できる論述をここでたんにくりかえすしかないであろう。〔しかし事実はそうではないのである。〕

第5節　シェリングは〈新しい神話〉を詩の形式で表現することを断念する

イェーナ時代の最後の年（一八〇二／〇三年）、自分自身の自然哲学によって〈新しい神話〉のための準備はすでに整ったという思いに、シェリングは文字通り取り憑かれていた。いずれにしても『芸術哲学』においてシェリングがこのような自己評価をくだしていた、ということについては、疑念をさしはさむ余地は少しもない。「あの来たるべき象徴学と、一個人ではなく時代の全体によって創作される神話とについて、その最初の構想が自然哲学によって……遠い未来のために描かれている。このことを私は確信しており、それを隠すつもりもない[40]」。もちろんシェリングが彼の哲学的著作において要求していたのは〈みずからの自然哲学によって〈新しい神話〉の前提が用意された〉ということだけである。彼が秘密裏に詩による〈新しい神話〉の実現を懸命に試みていた時期にも、このことに変わりはない。これに反して一八〇二年の詩（『処世術』）において、シェリングは神によって霊感をさずけられた説教師という古代の手本にならって、哲学者としてはあまり大っぴらに言えなかった要求を語っている。

神ご自身が私に吹きこんだ教えを
黄金の教えを　私の忠実な口が語るのを聞き
生命についてのたしかな教えを　私から受け取るのだ[41]

一大教訓詩の実現に向けて行なっていた詩作の努力を、シェリングは遅くとも一八〇九年（カロリーネの死の頃）には放棄した。哲学と詩を融合することが不可能である、ということについての洞察は、すでに一八〇七年の講演『造形芸術の自然との関係について』のなかではっきりと予告されている。そこでは断固とした口調で「芸術と学問はそれ固有の軸のまわりを回ることしかできない[42]」と言われているのである。したがってここでは哲学は私たちが待ち望みうる芸術のたんなる兆候としてしかあらわれず、それゆえ芸術もいまや文化としての最終の形態という役割のみを継承するのである。

一八〇七年一〇月一二日、ミュンヘンの学術アカデミーにおいてバイエルン国王の聖名祝日のためにこの講演はなされた。この種の機会にはそうする義務があるわけだが、この講演においてシェリングは愛国主義的な色調（ニュアンス）を交えながら、このように縮小されてしまった希望を次のように言いあらわしている。「近代ヨーロッパにおいて思考法の革命を創始したドイツ民族は……最終的には独自の芸術を生み出さなければならない(43)」。

シェリングが哲学と詩との融合という意味での〈新しい神話〉の計画を最終的に放棄したことの証左は、私見によると一八二〇／二一年冬学期の『エアランゲン講義』においてようやく見出される。「どうして哲学はその字句通りに、あるいは原義通りにたんに歴史（ιστορει）あるいは物語である、というのでないのだろうか。——もしそうならば、長いあいだその到来が予感されるだけにとどまっていた黄金時代は到来するであろうし、そうすれば寓話も真理になるであろう」。ところがこの直後にいまや断固とした口調で「しかしそんなことはありえない(44)」と言われている。その様子はまるで夢の誘惑を無理にでも断ち切って、そのような夢からはとっくに目覚めているのだ、と自分に言い聞かせるかのようである。これに続くシェリングの説明によると、これが不可能であるのは、物語となった哲学は実際のところ物語でしかないからである。「そのようなことをしても私たちは結局生命を失くした歴史〔物語〕的知識を手に入れるだけであろう(45)」。というのも、詩になった哲学は事実上、哲学にとってその唯一の生命の供給源であるものから切りはなされてしまうからである。つまり哲学は理解をともなって行なわれるものではなくなり、哲学の議論は外面的な形象へとゆだねられてしまうであろう。これらの形象は解釈されることを望みこそすれ、批判的に吟味されることをもはや望みはしないのである。ところで、シェリングが〈新しい神話〉を詩によって実現するという希望を一八〇四年から一八〇九年のあいだに放棄した、ということは事実である。しかしこの事実は、それとともにシェリングが〈新しい神話〉という理念までをも放擲した、ということを意味しているわけではない。むしろ詩を基盤とした計画が断念され、いまやそれにかわって散文を基盤とする計画が出現する。これこそが『諸世界時代』という真に巨大な計画なのである。一八一〇年から一八一四年にかけてシェリングは『諸世界時代』の構想をなんども練り直し、その後もそれに取り組みつづけた。しかしこのように散文という形態を与えて〈新しい神話〉を実現するという試みも挫折してしまう。しかし言うまでもないが、それはシェリングが、以前に詩の才能に恵まれなかったように、今回も散文の才能に乏しかったからではない。実際、シェリングはつねに散文を自由自在に操ることができ、それは名人の域に達していた。むしろ挫折の原因は問題そのものにあった。このように問題そのものはそもそもこのような挫折が可能である地点にまで彼が問題の奥深く足を踏み入れたことを意味している。それならばいずれにしても、このような原因のために挫折したということはシェリングにとって名誉の証なのである。さてこのようなわけでシェリングは当初計画していた『諸世界時代』の三つの巻、すなわち「過去」、「現在」、「未来」の内、最初の巻だけしか十分に仕上げられなかった。しかもこの「過去」巻は一八一一年から一八一四年までに複数の版が印刷されたものの、刷了の状態でシェリングの手元にとどめ置かれた。ただそれだけであって、そのいずれもシェリング自身の手では公刊されなかった。

もちろん今では散文を用いたものになってしまったけれども、『諸世界時代』はなおもシェリングによる〈新しい神話〉の実現に向けた努力のひとつである。『諸世界時代』そのものがその証明である。その種の発言があらためてシェリングの口から語られている。「序論」の彼の発言は〈新しい神話〉を完成形態にもたらす未来の著者に向けられたものである。しかしその口調はためらいがちで憂慮に満ち、この未来の姿を目の前にして慌てて尻込みしてしまっている。この未来の著者を『最古の体系計画』は教祖であるかのように、『超越論的観念論の体系』は人類を代表する詩人であるかのように仄めかしていた。『諸世界時代』は、ついに両者を止揚(アウフヘーベン)することによって、古代の予言者になぞらえる。「ちょうど昔の予言者に対する賞賛の言葉さながらに、みずからの精神によって過去、現在、未来の出来事をひとつに束ねながら、この上なく壮大な英雄詩を詠う人が、ひょっとするとこの後やってくるかもしれない。しかし今のところそのような時代は到来していない。私たちは私たちの時代を見誤ってはならない。私たちは来たるべき時代の先触れである。だから時代の果実が熟す前にそれを摘みとらないようにしよう。私たちの果実の現状を見誤らないようにしよう。……私たちは物語の語り手ではありえない。それを探し求めるものでしかありえないのだ」[46]。いずれにしても『諸世界時代』が新しい時代の先触れとして提起されているならば、『諸世界時代』が〈新しい神話〉の暫定的な形態として理解されているのは一目瞭然である。つまり〈新しい神話〉は、今はまだ到来していないものとして、したがって十分に熟していない果実の姿をとって、その到来と成熟を将来に託しつつ提示されているのである。

一八〇三年のシェリングは、ダンテを〈新しい神話〉の理想（モデル）と見なし、声も高らかに賞賛していた。それゆえ、ここで私たちが取り組まなければならないのは、次のような問題である。すなわち、詩による実現が断念されるとともにダンテがもつ理想（モデル）という意味もくすんでしまうのか、それとも『諸世界時代』にとっても――それが〈新しい神話〉の散文による暫定的な実現であるにせよ――依然としてダンテは理想（モデル）でありつづけているのか、という問題である。ところでこの問いに答えるのはもちろん容易ではない。というのも、『諸世界時代』にはダンテの名前は登場しないからである。そのせいでこの不気味な断片（トルソー）の内容を分析せざるをえないのであるが、これは無謀そのものなのである。これにとりかかるにあたっては一八二〇／二一年の『エアランゲン講義』においてシェリングがみずから述べている警告の言葉がぴったりである。しかもその際シェリングはダンテを（自分でドイツ語に訳して）これを最後として引用しているのである。「ダンテによって地獄の門に書かれた文言は、その意味を変えてであるけれども、そのまま哲学の入口にも書き記すことができる。《ここをくぐる者たちはあらゆる希望を捨てよ[47]》」。

第6節　ダンテは『諸世界時代』にとって理想（モデル）の意味をもつ

すでに『ダンテ論文』においてシェリングは次のように指摘していた。「ダンテの例の三分法は時代の全体が語り手であるような高次の預言詩のための一般的形式であると考えられる」、と。[48] さらにこの時点で早くも彼は次のようにも強調していた。「地獄、煉獄、天国という三つの領域に宇宙を区分し、それにもとづいて素材を配置する」ということによって、必ずしもキリスト教にとらわれない「一般性をもつ象徴形式」が提示されている、と。[49] さて私の主張（テーゼ）を端的に述べるならば、さしあたりそれは次のようになる。《このような『神曲』の三分法的な構成は『諸世界時代』の三部構想にとって依然として理想（モデル）であった。それはたんに構造の面だけでなく、三つの領域がもつ性質の面から見てもそうであった。その意味で「過去」巻は「地獄篇」に、「現在」巻は「煉獄篇」に、「未来」巻は「天国篇」に対応しているのである》、と。[50] それゆえ、ある意味において『諸世界時代』を〈時間の『神曲』〉と、あるいはシェリング自身がそう呼んでいるように、「時間の系譜学」[51]とか「時間の壮大な体系」[52]と呼びうるかもしれない。このように私はダンテの三分法が『諸世界時代』の理想（モデル）であると主張する。しかしあらためて言うまでもないことであるが、もしその内容の内にダンテの影響を示唆する証拠を提示できないならば、このような主張をしたところでそれほど多くの成果が得られたことにはならないのである。

そこで手始めに『諸世界時代』の性質のひとつに注目してみよう。このような性質はダンテの『神曲』に由来するものではない。しかしそれにもかかわらずそれを両者は共有しているのである。つまり『諸世界時代』と『神曲』は――その《存在ノ理由》は別としても――その《語リ口調》がともに〈通俗性〉という特徴をそなえているのである。しかもこの通俗性は非常に野心的なものである。自分の哲学に詩という美的形式を与えるのをあきらめた後、決然としてシェリングが選んだのは「通俗的」散文であった。そのようにして彼は以前の『体系計画』の要求にしたがって民衆にも理解しうる形式を哲学がもつように配慮したのである。みずからの壮大な詩を母国語であるイタリア語によって執筆するということについてダンテは釈明を与えているが、それは次のシェリングの弁明と好一対をなしている。「体系の言葉が昨日のものであるとするならば、民衆の言葉はほとんど永遠の昔のものである。しかも私はその時が来たと思う。実際、最高の学問に従事している者は探求を通じて手に入れた果実を学校にではなく、世間とその民衆に返却すべきなのだから」[53]。ところでシェリングの自己理解によると、彼の自然哲学の具象的な言葉はちょうどこのような民衆の言葉とも相性がよいのだから、新しい著作も待望されている結果をもたらさないはずがないであろう。「そうすれば、かつていくたびも試みられながら失敗に終わった通俗性（ポピュラリテート）・大衆性もおのずから生じるであろう」[54]。したがって『諸世界時代』ははっきりと〈ポップ哲学〉として構想されたのである。とはいえ、こうした言葉使いを耳にすれば『諸世界時代』の読者は腰を抜かすかもしれない。というのも、過去という地獄に足を踏み入れるやいなや、その神を渇望して止まない〈存在と時間の同時発生（オント・クロノゲネーゼ）〉、この〈ある〉の分娩室、その唸り声をあげる意志の存在論を前にして、読者が眩暈をおこして困惑に陥るのは必定だからである。実際、〈強靭な魂〉[55]をもたない人が『諸世界時代』に手を出そうものなら、簡単にはじきとばされてしまう。だから開始早々シェリングが読者に〈強靭な魂〉を要求しているのは至極もっともなのである。そういうわけであるから『諸世界時代』第一巻の草稿のなかで過去という深淵をめぐって、このような地獄にも等しい思弁に着手するにあたって、ここで私たちは「時間という長く暗い道を最初から歩み始めるのだ[56]」と述べるとき、このシェリングの言葉からはダンテとの関連がありありと感じられるのである。「最初から」というのは目下の文脈では〈最初の存在者〔本質〕のさらに背後にまわって〉という意味である。したがってこの最初の存在者〔本質〕は時間に先立つ次元から、つまり永遠から自己自身へと到来する。しかしこの過程（プロセス）が開始しうるために必要なものは、あらゆる過程（プロセス）が開始しうるために必要なものと同じである。つまり、エネルギー差がなければならないのである。現時点ではまだ物理エネルギーを考慮に入れることはできないから、問題になりうるのは論理上のエネルギー差、つまり矛盾だけである。この矛盾をシェリングは永遠の肯定（ヤー）と否定（ナイン）〔のあいだの矛盾〕ととらえる。もっとも永遠の肯定（ヤー）と否定（ナイン）は今のところ自己主張する力をもたないのでおたがいに無関心な状態にある。永遠の肯定（ヤー）と否定（ナイン）にエネルギーが充塡されて矛盾が生まれるのは、それらが自己主張する力をそなえ、敵対しあうことによってである。このような敵対関係をシェリングは神の矛盾と解し、「どのようにすればこの矛盾は解消されうるのか」と問う[57]。ところで神の自己自身との調和はつねに保証されていなければならない。そうすると当然のことながら「〈肯定（ヤー）としての神〉と〈否定（ナイン）としての神〉が同一の時間にあることはできない[58]」。かくして永遠の同一性は置き換えられてふたつの時間にわかれる。神の原初の矛盾が時間を生むのである。「それゆえ限界にまで高まった矛盾が永遠を破砕し、ただひとつの永遠を〈一連（ひとつらなり）の永遠（アイオーン）ないし時間〉と置き換えるのである。ところでまさにこのような〈一連（ひとつらなり）の永遠〉こそが、通常私たちが時間と呼んでいるものである[59]」。

こうして〈神の過去〉[60]は一種の敵対関係であり、この敵対関係が最終的に時間と〈ある〉とを生み出すのである。ところでこの〈神の過去〉をシェリングは「諸力の性的絶頂[61]」、「内側から自分をひき裂く自然」、「〈原始の分娩〉ともいうべきあの狂女のように自動回転する車輪[62]」とも呼んでいる。そして「いまやあの自分で自分をひき裂く狂気はあらゆる事物の最内奥を形作るものでもある。……それは自然とその産出活動に固有の力である」とも言われている[63]。この万物の基底である狂気を、シェリングは主に〈回転する車輪〉のイメージを用いて例示した。周知のように、この着想をシェリングはJ・ベーメから得ている[64]。しかし問題は、シェリングはただベーメからのみこの隠喩をうけ継いだのか、ということである。というのも、ベーメと同様にシェリングもこのイメージを用いる際にまず念頭に置いていたのは「惑星の車輪[65]」であったからである。しかも〈永遠の否定〉の猛り狂う車輪は〈永遠の肯定〉によって初めてブレーキがかけられ、こうして〈ある〉と時間とが同時に生み出される。この〈永遠の肯定〉は〈神の愛〉、〈永遠の否定〉は〈神の怒り〉と解された上で、存在を生むために〈神の愛〉によって〈神の怒り〉が鎮められる、と言われている。「神の利己心が神の愛によってしだいに弱められ、優しく砕かれることによって生まれるものが自然にほかならない[66]」。ここまでの考察全体をふまえて大体の見当をつけてみると、シェリングの〈神の車輪[67]〉は『神曲』の最終行とも関連しているように思われる。

しかし　すでに中心から等距離で回る輪のように

わが望みとわが意志を回していた
太陽と星々をめぐらす愛が〔天国篇、第三三歌、一四三―五行〕

世界創造のエネルギーはいったん分散して三つの時間という形態をとる。しかし第三巻の草稿を読めばわかるように、結局このエネルギーは再び収斂して「あらゆる生成物のあいだの大いなる同時性」となる。「それゆえ、三つの時間が生み出したもろもろの果実はただひとつの時間のなかで共生し、あたかも花を咲かせる一本の樹木の葉やその他の組織のように、ただひとつの中心の周りに集められながら、同心円上に配列されている[68]」のである。このような文言を考慮に入れると、両者の血縁関係はいっそうあきらかになるだろう。

時間の終わりにあらわれるこのような〈ある〉の様態について、すでに一九五四年にM・シュレーターは「それはもうひとつの印象深い詩的象徴を、つまりダンテの〈天界の薔薇〉を［想起させる］が、これは私の勝手な思いこみなどではない[69]」と語っている。このようにシェリングの〈花〉をダンテの〈天界の薔薇〉と比較してみるのはひとつの興味深い観念連合というだけにとどまらない。私がそのように言う主な理由は、〈天界の薔薇〉の深淵に衰えつつある視線を向けたとき、ダンテが筆舌に尽くしがたい臨在経験をする、ということにある。というのもその深淵には、

宇宙全体に散り散りになって散逸している紙片が

> 愛によってただ一冊の書物に綴じられ　収められている[70]

と言われるように、万象が同時に臨在しているからである。そしてまさにこの臨在をシェリングは〈あらゆる生成物のあいだの同時性〉ととらえるのである。それゆえダンテの〈天界の薔薇〉とシェリングの〈時間の花〉はともにひとつの大いなる〈同時性〉の具象化であり、この同時性においては、あたかも〈〈ある〉と時間（とき）の最終総会〉のように、万象が一堂に会するのである。このような幻視（ヴィジョン）からは、シェリングが『芸術哲学』において〈新しい叙事詩〉の前提と見なしていたものが、あらためて感じとられる。それによると「近代世界の〈継起〉が〈同時〉に変わる[71]」とき、初めて〈新しい叙事詩〉が可能になるのである。しかもこのような前提が実現可能であることの証拠として、当時のシェリングが引き合いに出していたのがダンテの詩であった。こういうわけで、シェリングが『諸世界時代』を構成する場合にもダンテの精神がいまだに痕跡をとどめている、という意見については、それを支持する根拠は皆無ではない。しかもこの痕跡によって初めて私たちは、哲学的観点からみてダンテがシェリングにとってどれほど深い意義をもっているのかを理解しうるのである。もちろんこれだけでは哲学として、つまり論証として『諸世界時代』にどれほどの正当性があるのかは、まだ何ひとつあきらかになっていない。というのも、シェリングが『諸世界時代』の「序」に記しているように、「詩人のみならず」「哲学者にも……哲学者としての熱狂[72]」があるとしても、「直視そのものの内にはほんのわずかの知性もない[73]」からである。言いかえると、論証が再構成されないかぎり、『諸世界時代』は現状のままにとどまるしかない。要するに、それは〈一個の堂々たる精神史の記録文書〉であるかもしれないが、たんにそれだけでしかないのである。

第7節　『諸世界時代』の論証を再構成するという課題

ところで『諸世界時代』や一般にシェリングの後期哲学が哲学として意味があるかどうかは、その論証が再構成されうるかどうかにかかっている。この点に関しては疑問の余地はありえない。そこで私は、いまだ憶測の域を出ていないとしても、この課題の解決につながる鍵がどのようなものかということについて示唆(ヒント)を与えてみたい。じつは、この鍵はシェリングが手ずから譲り渡そうとしているのに、私の見るところ、今まで誰も受けとろうとしなかったのである[74]。

第一の示唆(ヒント)は、今は単刀直入にいうと、シェリングの円熟した形而上学への通路はただ〈述語づけの理論〉を出発点とする場合にのみ見出されうる、ということである。シェリング当人が〈判断論〉という形でこの理論をなんども強調している。『諸世界時代』においても「判断の一般的法則についての知識が……最高の学問にはつねにともなう「のでなければならない[75]」」と明言されている。一八一三年の第一巻草稿においても同様にシェリングは「判断作用の一般的法則についての知識は、いまだ最高の学問そのものではないとしても……それから分離できないほど本質的な仕方で最高の学問とひとつに結び合わされている[76]」と書きしるしている。

第二の示唆は、この〈述語付けの理論〉において再構成されうるのがカントの「超越論的理想」（『純粋理性批判』B版、五九九頁以下）の教説である、ということである。というのも、すでにこの教説そのものがシェリングの形而上学を理解するための鍵なのだから。晩年に至るまでシェリング本人がそのように考えていたし、（驚くなかれ）一八五〇年一月一七日に行なわれたベルリーン学術アカデミーの講演でもそれを断言していたのである。この講演においてシェリングは〈神〉をカントの意味での〈最モ実在的ナ存在者（ens realissimum）〉として、現代風の言い方をすれば〈絶対的命題〉としてとらえている。「それゆえカントが明記しているように、事物の規定として理解可能なもの［＝あらゆる同定ないし述語づけ］には〈可能性の全体〉あるいは〈あらゆる述語の総体〉という理念が属している」(77)。この講義のなかでシェリングは彼の『神話の哲学』講義の一部――「それを私はこの同じ場所で講ずるという名誉に浴したのであった」(78)――を参照箇所として明記している。詳しく述べるならば、ここで念頭に置かれているのは一八四七年の三月一五日と四月二九日にベルリーン・アカデミーで行なわれた講演「カントの純粋理性の理想について」である（この講演は『神話の哲学』の「第一一講義」および「第一二講義」に該当する）。刊行された「第一二講義」の脚注のひとつでは次のように言われている。

> しばらく前から最新の哲学も哲学史家の記述の対象になっている。しかし彼らの多くが今しがた言及した［カント哲学との］遺伝上の連関をはっきり認識していない。哲学史家のなかには、カント以後の全

哲学史をたんに偶然に、勝手気儘に、理由もないままにカントを超え出ていったものだと思いこんでいる人々もいる。そのような輩は度外視しよう。しかし最終的な判断を保留している人々も少なくとも、カントの批判という構築物のなかに明確な一点を、つまりのちの発展の起点を指摘することができずにいる。このような起点に結びつけられることによって初めて、のちの発展はその必然的帰結であることがわかるのである。ところで私見によると、この出発点は〈理性の理想〉についてのカントの教説の内に見出される。[79]

私の考えではこのような鍵を用いることによってのみ、シェリングの後期哲学に浴せられた〈一九世紀哲学界の稀代の詐欺師（カリオストロ）による神智学風の道化芝居〉（フォイエルバッハ）という汚名をきれいさっぱり雪ぐことに成功するかもしれないのである。うまくいくかもしれないと私は言っているのであり、それについての確証があるわけではない。というのも、シェリングが依然として私たちのはるか前方を歩いている、ということもありうるかもしれないからである。というのも、「そもそもなぜ意味があるのか、なぜ意味のかわりに無意味があるのではないのか[80]」と後期シェリングが問いかけるとき、それほどまでに徹底的（ラディカル）に「必然的問い」を立てた者が、それ以前に誰かほかにいたであろうか。そして「世界の全体はいわば理性の網のなかに捕捉されている。しかし問題は、いかにして世界はこの網のなかに入ってきたのか、ということである[81]」と断言するとき、シェリングは近代（モデルネ）を超えて、どれほど遠くその先にまで行ってしまっているのであろうか。

第3章　『諸世界時代』の再構成への移行——述語づけの理論と形而上学

シェリングの『諸世界時代』が形而上学的な思弁の壮大な試みであるということに異論はあるまい。たしかにハイデガーやホワイトヘッドなどの例外はある。しかしそのような思弁は今日の哲学にはなじみのないものになってしまった。それゆえ『諸世界時代』の本文に取り組む前に、いま一度、形而上学がもつ方法論的な意義を確認しておくことが目的に適っているように思われる。このような背後支援が内実のある成果をもたらすのでありさえすれば、もちろん私たちは形而上学の伝統に関する歴史的な議論に手をだす必要はない。むしろ私たちは形而上学についてのひとつの理解を、つまり形而上学の伝統を否定こそしないものの、それに対してある意味で無関心な態度をとっているひとつの理解を展開するように努めるだけでよいのである。

問題なのは、このように形而上学の方法論に関する概念である。またこの方法論上の概念の導出は三つの試みによって行なわれる予定である。しかしこの導出の過程(プロセス)で私たちは現代哲学の主張のいくつかにも不規則(ランダム)に言及するであろう。これらの主張はこの方法論上の概念と相容れず、それゆえ議論の必要があるからである。

形而上学の方法論に関する概念が得られたら、次に私はこの概念にもとづいてひとつの視圏(パースペクティブ)を展開するだろう。この視圏(パースペクティブ)から見られるならば、その〈超越論的理想〉という構想によってカントが何を問題としていたのか、ということについて、たんに歴史的ではない実質的な議論が可能になる。〈超越論的理想〉に注目するのは、この構想をシェリングも一八四七年三月一五日と四月二九日の、さらにまた一八五〇年一月一七日のベルリーン学術アカデミーの講演で取りあげているからである。しかもこのときシェリングはこの構想を『諸世界時代』の思想的世界への入門――たとえそれが概念による遅ればせのものであるにしても――に仕立てようと目論んでいたのである。というのも、『諸世界時代』の思想的世界は、あの頃〔一八一〇年代〕はまだ〔論証的でなく〕具象的に扱われていたからである。

以上の作業を完了すれば、私たちは『諸世界時代』の再構成に着手するための下準備を整えたことになる。私たちの再構成の狙いは、『諸世界時代』という企てのいくつかの側面が――その構想の基礎にある直観にもとづいて解されるならば――議論する価値のある計画であることを読者に納得させる、ということにあるだろう。

第8節　形而上学と述語づけの成功条件

形而上学とは、単称判断（Fa）の構造を世界の構造と見なして、それを一文字ずつ判読することである。

なかでも二〇世紀の言語分析哲学は形而上学という企てがいかに〈取扱注意〉であるかということを指摘し、折に触れてそのような企ては断念したほうがよいと忠告してきた。それにもかかわらずすでに強調したように、私たちは形而上学を回避することによって形而上学から自由になろうとはしない。哲学の現代的水準からみても支持しうるような仕方で形而上学を行なうほうがましである。あるいはもっと慎重な、もっと控えめな言い方をすれば、少なくとも私たちは形而上学の関心がどこにあるのかということを哲学の現代的水準にもとづいて説明する努力を怠るべきではないだろう。実際、私の目的を達成するためには、これ以上のことをここでやってみる必要はないのである。

最初に私たちは、形而上学の方法論的な出発点を明確にするために、単称判断の特権的地位を説明することにする。単称判断が特権的地位をもつのは、〈このものはかくかくしかじかのものである〉（Fa）という型（タイプ）の判断がなくてはならない情報の入口、いわば〈感性と悟性との交差点〉だからである。単称判断のこのような特権的地位は、どのようにして私たちがさまざまな観察を言語によって《消化する》のか、ということを象徴的にあらわすものとなっている。それゆえまたこの判断の特権的地位は、世界と精神のあいだで行なわれる認識論的な同化についての基本的な証言ともなっている。いずれにしても単称判断がこのような特権的地位をもっていなければ、世界についての認識のようなものはないであろう。

さて私たちはウィトゲンシュタインにならって次のような洞察から始めよう。彼によると〈ある命題を理解する〉とは、〈その命題が真であるとすれば事実はどうであるのかを知る〉ということである。[1]そうすると、これによって私たちはこの単称判断（Fa）について――それが真であるための条件を分析するにあたって必要な――一般的理解を手に入れるわけである。さらにこの真理条件の分析のなかでも重要なのは、単称名辞（a's）と一般名辞（F's）の使用方法をあきらかにすることである。

単称名辞（たとえば《そこにあるこのもの》、《右からふたつめのもの》など）によって私たちは知覚されうる対象を指示している。このような指示によって私たちは、この対象が〈かくかくしかじかのもの〉であるということを対話の相手にそれとなく知らせようとしている。というのも、そのあとで私たちは、この対象に述語（たとえば《犬》、《犯人》）を帰属させる（《である》）からである。したがって〈述語づけ〉にはふたつの機能が含まれている。すなわち、単称名辞によって私たちは述語づけの対象を*指示し*、この対象に述語を帰属させることによって対象を*分類する*のである。

単称名辞と一般名辞の*使用条件*については、ここではこれ以上詳しく論じることはできない。しかしこの主題については十分に研究されている。[2]ところでこれらの名辞の*使用条件*と、これらの名辞の規則正しい使用の*成功条件*とは区別しなければならない。

これらの成功条件には、話者に関する前提と世界に関する前提がある。

話者に関しては、たとえどのような種類の使用であろうとも、名辞の規則正しい使用をそもそも習得しうるには、ある種の言語以前の能力がすでに自由につかえるようになっていなければならない。そういうわけで私たちは――ひとつの基本的ではあるけれどもまちがいなく言語以前のものである――〈区別の能力〉を意のままに操れるのでなければならない。視覚、聴覚、触覚、嗅覚を通じて、私たちはさまざまな出来事を同数の信号として感知しながら、この〈区別の能力〉によって、たとえば複数の視覚的印象を、あるいはまた視覚的印象と聴覚的印象とをたがいに区別しうるのである。それ以外にも私たちは、これらの出来事や信号に結びついている状況や、その状況の局面や部分を、これらの出来事や信号そのものから区別しうるのでなければならない。それのみならず、このような〈区別の能力〉は本質的にいって――ひとつの基本的ではあるけれども同様に言語以前のものである――〈想起の能力〉を必要としている。この〈想起の能力〉のおかげで知覚された視覚の、聴覚の――あるいはそれ以外の――《印象》はすぐには消え去らないでいられるし、これらの印象に対応する状況についての印象もそのままに保たれ、類似を計測するための言語以前の物差し〔記憶〕に順番に照らしあわされて、質の面から同定されうるのである。かりにもしこれらふたつの言語以前の基礎的な能力がないとしたら、私たちが実際に効果のあがるような仕方で、規則正しい記号の使用を習得できないというのはまちがいないだろう[3]。それゆえ、この世界のあらゆる構造はもっぱら言語の遂行としてのみ理解されうると主張する人がいたら[4]、そのような人は少なく見積っても、規則正しい記号の使用がうまくいくためになくてはならない、これらの前提を見おとしているのである。

しかしそのような人はもうひとつの側面も見のがしている。というのも、話者に関していえば、規則正しい記号使用の成功条件には、いま述べたような言語以前の〈区別の能力〉と〈想起の能力〉とが含まれている。しかしこの成功条件には、さらに世界の構造についての《仮説》も組みこまれているからである。しかもこの世界の構造に関する《仮説》は私たちがそれ自体として《主張》したり《否定》したりするようなものではない。私たちが言語によって区別をうまくとらえたり、類似しているものを想起したりするならば、そのことを通して私たちはこの《仮説》を裏書きするのである。すなわち、区別や想起が成功するためにはその前提として、世界は一方である程度の一様性をもちながらも他方で区別ないし差異をもっている、というのでなければならない。区別や想起が行なわれる際にはいつもこれらの《仮説》がいわば暗黙の内に支持されている。しかしこのことが意味しているのはなによりも、区別と想起という現に存在する能力はいわば〈世界の使用許諾製品（ライセンス）〉であるということであって、したがってこれらの能力は世界の構造そのものと協調していなければならない、ということなのである。このように私たちは、私たちの認識能力と世界との協調関係が世界の気紛れな運行のあいだ一貫して保証されている、と主張する。しかしだからといって私たちはこれらふたつのものが同一の形式をもつと言おうとしているのではない。私たちが言いたいのは、私たちの区別や想起が世界によって修正されうる、ということでしかない。どのようにして世界と認識とのあいだに認識上の同化が生じるのかを、これ以上詳しく説明する必要はまったくない。あるいは、比喩を用いていえば、ここでは反映のようなものが生じているということまで求める必要はないのである。私たちが想定しなければならないのはたんに、世界について私たちがもつ《像》がどのような性質のものであろうとも、少なくともその《像》は世界によって訂正が可能であるという性質をもっている、ということだけなのである。このような修正のための接触が確保されているならば、最低限の妥当〔成功〕条件がすでに満たされていることになる。〈最低限〉という意味は、学習の過程(プロセス)を可能にする、あるいはそれを説明するために少なくとも十分である、という意味である。そしてそのような学習の過程(プロセス)は規則正しい記号使用の習得を通して最適化されるけれども、この習得がそれを初めて生み出す、というわけではないのである。

それゆえ、単称名辞の規則正しい使用のために、すでに言語以前の〈区別の能力〉がなければならないし、同様に述語の規則正しい使用のためには、言語以前の〈類似を想起する能力〉がなければならない。これらは〈述語づけの過去〉に関する、あるいは「述語づけに先行する経験の構造」(5)に関する断片的考察でしかない。もちろんここで私はこの考察を完備したものだと言うつもりもなければ、その必要があるともまったく考えていない。私が責任をもたなければならないのは、ただ次のような一般的要求だけである。すなわち、述語づけの成功条件を求めると言語以前の能力にたどりつくが、そのような能力のほうは〈ソノ手ロカラミテ〉世界の構造についての仮説を含意している、ということである。

このようにして〈想起〉と〈区別〉というふたつの基礎能力に、さらに〈世界の多様性と一様性という〉仮説が付け加えられたわけである。ところで、この仮説がどのような身分をもつかということについては、人によって当然意見は異なるであろうし、実際にもそうである。《世界の構造が多様性と一様性をもつのは事実である》という命題を――すでに言語以前のものであるというので、〈サラニ大キナ理由ニモトヅイテ〉言語的でもある――ふたつの能力〔区別と想起〕が成功するための条件であると解釈しよう。ただし、区別と想起の作用がそもそも可能であるべきなのだから、これらふたつの作用〈トイウ相ノモトデ〉この条件が満たされていなければならないという意味で、そのように〔条件であると〕言われているのである。そうするとこの命題は弱い意味に受けとめられ、一種の超越論的論証の要素と見なされている。

これに反してこの命題を次のように、つまり〈同一の成功条件が――区別と想起の作用がそのようなものとして現実に存在するための使用許諾（ライセンス）条件として――すでに〈世界ノ側デ〉満されていなければならない〉と解釈しよう。そうすると、この命題は強い意味に受けとめられ、一種の存在論的論証の要素と見なされている。このような論証は――世界それ自体に帰属するのでなければならない――ある種の構造をあてにしているのである。

これらふたつの論証は、それぞれ別の仕方で問題を立て、その問題に別々に答えているにすぎないのだから、たがいに相容れないわけではないと解しうる。

ところでしかし、超越論的であろうと、存在論的であろうと、あるいは両方であろうと、このようなもの以外に、さらに第四の立場があることを、もちろん隠し通すことはできない。この第四の立場は命題の身分に関するこの種の問い、このような〈思弁的推論症候群〉とは何のかかわりもないものである。

このような第四の立場をネルソン・グッドマンは正当化しようとした。その際、グッドマンは帰納の問題を引き合いに出している。ところですでにそれ以前から知られていたように、(既知の事例から未知の事例への) 帰納的推論が行なわれる際には、〔いま述べたような議論と〕同様に――たとえば〈首尾一貫した世界の運行〉についての仮説のような、それを正当化しようとするとさまざまな困難が待ちかまえている――世界の構造に関する仮説が暗黙の内に前提されてしまっている。しかしそのような困難はいずれにせよ帰納の実践がもつ名声を傷つけかねないものである。グッドマンにはこのような戦略がことごとく気にくわない。「私にはそう思われるのであるが、帰納の正当化の問題は、近代哲学のそれなりに重要な問題と同様、不毛な議論しか呼びおこさなかった。典型的な論者は最初に、予言を正当化しうるために必要ななんらかの方法が見出されなければならない、と主張する。次に、この目的のためには〈自然の斉一性〉のような名高い普遍的〔すなわち超越論的あるいは存在論的〕法則が必要である、という主張へと進む。そしてさらに、この普遍的原理そのものがいかにして正当化されうるのか、ということを探求する。この時点で論者が疲れ切ってしまえば、その人はこの原理はなくてはならない前提である、と結論づける。しかし論者が精力的で発明の才に富むならば、さらにこの原理の巧妙な正当化〔たとえば超越論的演繹やエアランゲン学派の意味でのいわゆる構成的正当化〕を案出する。しかしそのような考案はめったにほかの人を満足させない。そこで根拠のない、それどころか疑わしい前提――そうした前提は私たちが行なっているあらゆる現実の予言よりもはるか広範囲に及ぶものである——を受け入れる、といういっそう安易な道〔がとられるが、それ〕はこの予言を正当化するためには奇妙で費用のかさむ方法に思われる」(6)。

グッドマンが彼の議論にもとづいて最終的に推奨するのは、どのように帰納的推論が実際に機能しているのかを調べるだけでよい、ということである。私たちが立てた問題にあてはめるならば、どうしたら言語規則の機構（メカニズム）にだけもとづいてFa判断を説明しうるのか調べればよい、ということになる。これ以上のことを望む人は、いずれにせよはるかに強制力の少ない結果しかもたらさない企てに着手しなければならない。強制力の少ないというのは、いずれにしても危険な帰納的推論や、いずれにしても欠陥のあるFa判断と比較して、という意味である。

私はグッドマンの論証——私はそれをキケロ的と名づけたい——は実際に首尾一貫していると思う。しかしこのことの意味は、なんらかの問いを立てるように誰も強制されえない、ということでしかない。そしていま一度、もし形而上学的問いというものがあるならば、形而上学的問いにおいては、特に次のようなことがあてはまるのである。つまり、形而上学的問いは自然な、すなわち生存をたしかなものにする問題ではなく、技巧的な問題にかかわる、ということである。このような種類の技巧的問題は、おそらく知的な魅力と解放の効果をもつであろう——ともかくもそのように主張する哲学者たちがいる。しかし技巧的問題は、比較的狭い意味での生存戦略に繋ぎとめられた目的はもたないのである。哲学的思弁についてのこの種の概念はいずれにせよ一過性のものではなく、厳密にアリストテレスに由来する。すなわち〈形而上学ハオキマリノ日常ノ仕事デハナイ〉のである(7)。

ところで私たちの思弁に戻るならば、前言語的水準の獲得において、現象の拡大に関する収益が得られただけではなく、同時に損失もこうむった。というのも、この水準ではいずれにせよ、厳密に数的な意味での個物のような何かは、つまり明確な延長、グループ、関係という意味での性質は、要するに非連続的な属性の領域は、まだ自由に扱えないからである。この水準において私たちはせいぜいのところ、個別的にも全体的にも多かれ少なかれ似かよったものをもつにすぎない。要するに、ここで私たちの自由になるのは、漠然とした属性の領域だけなのである。数えることのできる数的に堅牢な世界像を私たちはもたない。たとえば述語論理という道具は同一性のために、このような世界像を要求するとともに供給する。このような世界像をG・ハーゼンイェーガーはきわめてわかりやすく不連続存在論と呼んでいた。[8]このような存在論を、数学化されたあらゆる学問が必要としている。不連続存在論の領土内では、数とは異なる事物、対象、客観、存在者の概念は不要である。不連続存在論のこの特色に照らしてみると、スコーレム＝レーヴェンハイムの定理についてのW・V・O・クワインに由来する解釈が見事にあきらかになる。クワインによれば「ある理論の狭い意味での論理構造——量化と命題論理的な諸結合に反映される構造——は、その理論の対象を正の整数から区別するのに十分ではない[9]」のである。

しかし前言語的水準においては、私たちは命題論理と述語論理という道具をまだはっきりとは《使いこなせ》なかった。だからここでは私たちは不連続存在論の長所も利用できない。言いかえると、ここでは私たちは同一性に関するガラスのように透明な規準を断念しなければならないのである。これにともない私たちはひとつの世界像を手に入れる。しかしこの世界像は印象と表現に富みながら、せいぜい質的に分節されているにすぎない。したがってこの世界像の根底にあるのは、本質的に曖昧模糊とした連続存在論である。しかし、かの隙間だらけの存在論〔不連続存在論〕を超えることによってのみ、私たちは述語づけの前提となる次元に至りつく。この次元において一義性の形成過程(プロセス)が〈生マレツツアル状態ニオイテ〉研究されうるのである。いずれにせよただこのようにしてのみ私たちは、あの一連の仮説が〈信頼できる述語づけ〉を最終的に許容する仮説である、ということをあきらかにしうる。この種の色あせた仮説については、私たちはすでにふたつほど言及した。それによると、世界はそれ自体が、区別、類似、ある程度の同形性を示している。これらの性質は、たとえ私たちがそれをどのように表象しようと、いずれにせよ〔正確さを求めて〕修正されるために私たちの表象の努力と接触しているのである。ところでこの種の結果はじつは驚くべきものではない。言語分析の哲学でも同様に、あるいは似たように理解されているからである。たとえばP・F・ストローソン(10)による記述的形而上学への寄与、あるいは、そこに皮肉がないとはいえないが、超越論的形而上学に数え入れられるW・V・O・クワイン(11)の考究のように。しかし記述的であろうと超越論的であろうと、言語分析の哲学者も形而上学に媚びを売っている。たとえそうしないときも、形而上学の遺産が言語分析的に相続可能であるかぎりにおいて、彼らはそれを相続しようと試みている。形式的意味論に関するE・トゥーゲントハットの印象的な企図(プロジェクト)はその一例である。不連続存在論の領域を本当にはあとにしておらず、この領域を少なくとも模範としている、ということが、今もなお、これらの構想のすべてに共通する特徴なのである。

第9節　形而上学と述語づけの妥当条件

自然学が数学化されるとき、総じてそれらは認識の安全を狙っている。したがって数学化された自然学の存在論的基礎を論じる場合には、不連続形而上学への定位はたしかに正当化される。しかし、存在論を認識の探求という側面に対しても開かれたままにしておこうとすると、すでにこのような見地はあまりにも狭すぎる。さらに〈私たちは何を知りうるか〉という問いが〈人間とは何か〉という問いにも貢献すべきなら、もうそれだけで別の態度が推奨される。言いかえると、その場合には、認識の次元が人間学的に中立化されるということは禁じられている。それにもかかわらず、認識の次元が認識の安全という地平においてのみ論じられるならば、そのような中立化が生じるのである。したがって、あらゆる認識の安全に先立ち、認識の全体にとって基礎となる次元、認識の探求という次元が溶暗（フェードアウト）したままであるなら、認識論における人間学の欠落はもはや避けがたい。というのも、認識の安全という水準においてもなお――〈この上もない可謬主義的性格をもって獲得されながら、この上もなく厳しい規準にしたがって確実にされた認識〉を通して――探求というこの基礎的性格がにじみ出ているからである。それゆえ、言語分析の哲学においてもっぱら不連続存在論への定位がなされたために、特定の問題を扱う場合に時に狭苦しさを感じることがあれば、その原因はいま述べたような人間学の欠落にあるように思われる。もちろんこの定位は方法論的には不可欠である。しかしだからこそ主題的には不可欠どころではない。かえってここでは〈人間ノ条件〉の特異性を矮小化するという対価が支払われざるをえないのである。

以上のことは、本質的にいって不連続存在論が言語の〈主張する・実然的側面〉に合わせて裁断されている、という点からも見てとられる。しかしこの側面は〈問いかける・蓋然的試走〉をつねに後ろ盾とし、それを機縁として生じる。したがって基礎的述語づけもつねになによりもまず答えと解しうる。しかもより詳しくいえば、（aによって）同定し（Fによって）分類するというFa判断の二重の機能のゆえに、《それは何か》という問いの答えか、あるいは《それは何を意味〔指示〕するか》という問いの答えと解しうるのである。

《それは何か》という問いは与えられる対象の述語にかかわる。言いかえると《それにはどのような述語が帰属するのか》ということである。また《それは何を意味〔指示〕するか》という問いは与えられる述語の対象にかかわる。この対象において述語は例示されうる[12]。それゆえ、このように問いの方向が逆向きであることによって、探求の過程（プロセス）は自由になる。この過程（プロセス）は〈それが述語的構造を確立することで終わる〉ということによって定義される。したがって述語づけとはこの探求過程（プロセス）の実然的終楽章（フィナーレ）なのである。この探求の構造は一般に〈何か或るものが何か或るものである（Φx）〉という目標公式によって定義される。この探求過程（プロセス）はΦないしxの適切な具体化によって方向づけられているので、その空欄をaないしFによって満たそうとすると、探求の過程（プロセス）は述語づけの変数構造へといわば流入してしまう。

この探求過程（プロセス）は実然的判断を見出すための前走であるが、それは変数によって方向づけられている。述語づけの成功条件の分析にしたがえば、形而上学が述語づけの内的関係という観点から出発するかぎり、この探求過程（プロセス）も形而上学の領域に属する。この見地からすると、形而上学は探求の普遍的場の諸構造を分析する。しかしこれらの構造は、私たちがこの場において実然的に発見したいと望めば、すでに安定していなければならない。次のような問いによって、これらの構造は探求の方向を確定する。この問いは、《何か或るもの》という変数を、つまり、探求の一般的対象を、そもそも対象が探求されうるならば、対象がすでにそうでなければならないものとして確立するのである。

探求しつつ、次のように私たちは問う。この或るものは何か（τί ἐστι）、どれくらいの量か（πόσον）、どのような性質か（ποιόν）、どこにあるか（ποῦ）、何とともにあるか（πρός τι）、いつあるか（ποτέ）、どのような状態か（κεῖσθαι）、何をもつか（ἔχειν）、何をするか（ποιεῖν）、どのように反応するか（πάσχειν）、と。

このようなアリストテレスのカテゴリー[13]が存在論的性格を帯びるのは、〈何か或るものの探求〉という視圏（パースペクティブ）から以外にはない。〈発見される〉という視圏（パースペクティブ）、言いかえると〈実然的結末〉という視圏（パースペクティブ）から見れば、これらのカテゴリーにはたんなる意味論的性格しかない。

〔しかし〕たとえ発見されたものがたんに意味論的にしか特徴づけられえない場合でも、探求は対象性「そのもの」を生み出すのである。

認識を求める過程（プロセス）において得られる見込みのある対象性の一例は、古色蒼然とした存在者（*Wesen*）、すなわち本質（Essenz）である。まさにその不快感をもよおさせる出自のゆえに、言語分析の界隈では本質はあまり評判がよくない。それどころか、言語分析的に正式に認可された本質の遺産相続人である意味（Bedeutung）ですら、そのように受けとめる人々も少なくない。もちろんクワインもその恵まれない血筋をこのように指摘している。「本質というアリストテレスの概念はまぎれもなく内包ないし意味（meaning）という現代的概念の先駆けである(14)」と。

それにもかかわらず私はここで意味の概念だけでなく、それどころか本質の概念までもが不可欠であると主張したい。もっとも発見的言説にかぎっての話である。つまり、ここでは本質はことがらの本質であり、たとえば、私たちによる定義の試みや、適正な概念、適切な解釈、説明を私たちが探し求める際の、たんなる直観的妥当性の条件をあらわしているにすぎない。例をあげよう。ある心の機微（ニュアンス）を誰かに理解してもらうにはどうしたらよいかと、私は考えあぐねている。このような現象そのものをはっきりと言いあらわしたことは、私はこれまで一度もないし、この機微（ニュアンス）を今はっきりと言いあらわそうとしても困難をおぼえる。それにもかかわらず私はこの機微（ニュアンス）を知っているので、たとえ私自身は満足のいく解釈を与えられなかったとしても、さまざまな解釈の提案を断固として拒絶するのである。ふつうこの拒絶は次のように差しはさまれる。すなわち、この提案は（どこかしら）ことがらの本質の傍らを素通りしている、それはことがらの本質に的中していない、と。

定義の提案が妥当でないと思われるときも、私たちは似たような態度をとる。ことがらの本質は、私たちが努めて妥当性を得ようとするとき、私たちの指針となるものである。ことがらの本質は、私たちが妥当な説明を求めているとき、手引きとなる直観知の対象である。しかしその一方で本質は、私たちが最終的に実際に実然的に供出するものではないし、正当と認められた定義ないし説明を用意するものでもない。実然的ないし命題的には、本質はとらえられないのである。本質の定義はない。本質の定義という様式をもつ形而上学はない。それゆえ名詞的な形而上学もありえない。たしかに本質は私たちの名詞的努力の指揮をとる。しかし名詞的な収益の正味は本質の表象ではない（さもなければその見積りを間違えることは実際にありえないだろう）。したがって、命題によって本質は把握できないという、この点を指摘することも、ことがらの面からは重要である。なぜならば、妥当な述語づけを探し求める際にくだされる指示は、非述語的、非命題的な領域に部分的にはまちがいなく錨を下ろしている、ということが、この状況からあきらかになるからである。むろんその結果、たとえば定義の一提案がことがらの本質の傍らを素通りしてしまっていると感情が告げるとき、この感情の表明は議論ではなく、発見的言説における認識の表現のようなものだ、ということになる。しかしこのような感情の表明を認識として正当化しようとすると、それは最終的に次のことにもとづいて生じる。つまり、私たちがもはや議論を自由に用いることができないときには、この感情に訴えることなしに、私たちはもはや批判的ではありえない、ということである。

　このように発見的言説においては本質にも無くてはならない批判的機能がある。したがって発見的言説においては、必然的に私たちは本質主義者でもある。しかし実然的水準においては、そのようなことは私たちには許されない。しかし発見的本質主義と実然的可謬主義は、ちょうど方法論的独断論と理論的批判主義がそうであるように、たがいに相容れないわけではないのである。

発見的言説において形而上学をこのように批判的に制限しつつ確立するならば、ただその条件のもとでのみ、それでもなお私たちは〈形而上学の対象は世界の本質である〉と言うことができる。そして世界の本質とは世界の秘密、つまり

世界を
最内奥において束ねている

ものなのである。

第10節　形而上学と述語づけの存在条件

形而上学の問題設定を述語づけの内的関係にもとづいて、それゆえ述語づけの成功条件と妥当条件の分析について説明するだけでなく――しばしば用いられるきわめて曖昧な言い回しでは――《全体》を掌握するために、この問題設定を述語づけの外的関係にもとづいても説明する、ということが、すでに体系的理由からしても、もっともらしく思われる。

これを果たすために私たちは、ウィトゲンシュタイン風に表現されたシェリングの論証とでも呼びうるものを構成する。その論証は次のようになる。

(〇) ただひとつの世界だけがある。
(一) 世界は事実のすべてである。
(二) 事実であるものは世界の性質である。
(三) 世界の認識があるというのは事実である。
これらから次のことが帰結する。
(四) 世界は、世界の認識があるという性質をもつ。
そしてこのことは次のようにも表現できる。すなわち、
(五) 世界は自己自身を認識する。

(五) における反省性(《自己自身を認識する》) はもちろん (四) からは得られない。そうではなく——論理的には——たんに推論されるにすぎない。しかもこれは、(四) において《世界》という表現が二度にわたってあらわれることを、反省性の示唆として乱用することにもとづいている。なるほど世界には、自己および世界の他の存在者を認識しうる存在者がわずかばかりだがいる。これは (五) をある程度まで正当化する直観である。しかしこのような存在者は世界の所産なのだか

ら、より厳密には（五）はこんな風に読むべきであろう。〈世界は、世界の所産の若干のものそのものを介して自己を認識する〉と。これはこうも言いかえられる。〈世界はあらゆる性質のなかでも唯一無比の性質をもつ、つまりそれによって世界が自己自身を認識する性質である〉と。これは〈人間原理〉風にこうも表現できる。〈世界は他の構造のなかでも特に自己認識的構造をもつ〉と。私たちは、この構造と世界の他の性質とは論理的に相容れなければならない、と付言しうる。したがって《世界は自己認識的構造をもち、なおかつ、世界はｘという構造（その他の構造）をもつ》という命題はつねに誤りであるとはかぎらないのである。

さらに、世界の他の構造は次のような性質をそなえていなければならない。すなわち〈それらの構造は自己認識的構造と、たんに論理的に相容れるというだけでなく――仮定によりただひとつの世界しかないのだから――存在の面から見ても相容れなければならない〉という性質である。言いかえると、両者はどこかが似ていなければならないのである。この類似が必要なのは、他の構造が少なくとも次のような性質もそなえていなければならないからである。すなわち、〈自己認識的構造を出現させるだけでなく、さらに逆に自己認識的構造によってもなんらかの方法によって理解されうる〉という性質である。このような角度から見れば、世界の他の性質も〈他ノ事情ガ同ジナラバ〉認識的構造を示している。世界の他の性質がもつこのような認識的構造は、存在の面から見れば、世界の自己認識的構造に先行している。しかし概念の面から見れば、それに後続しているのである。したがってこの構造は、世界の自己認識的構造の現在に属すると同様に、その過去にも属しているが、必ずしもその未来に属しているわけではない。

そのかぎりにおいて私たちはこうも言える。世界の認識的構造から自己認識的構造への移行にともない、世界の過程(プロセス)は歴史的側面を示すことになるが、またしてもこの歴史的側面と世界のほかの歴史とは相容れなければならない、と。宇宙の歴史が宇宙の自己認識の歴史でもあるならば、いずれにせよそういうことになる。言いかえると、生物学の対象となる生命[15]の歴史のみならず、宇宙の歴史全体が、認識を獲得する過程(プロセス)とも解しうるのである。

ところで、このような思考の歩みの全体は始めの内はもっともらしいが、終わり近くになると、とりわけまだ詳述されていないその結論を顧慮すると、奇妙に思われてくる。そのときこの思考の歩みの全体はたとえば〈《認識の主体》は本当は人間ではなく宇宙である〉というテーゼを含意している。宇宙の暗くて判然としない主体の器官(オルガン)という意味において私たちは宇宙であるが、ただこのことは隠されているのである。〈私は考える、ゆえに宇宙は考える〉(cogito ergo cogitat)[16]。いずれにしても宇宙のこの暗くて判然としない主体によって、『世界霊』(一七九八年)という比喩を用いる動機(モチーフ)となった、シェリングの直観に近いものが得られる。〔世界霊という〕この表現を目にして最初に考えるのはおそらく、自己認識的構造をもち自己組織化する宇宙の潜勢力のような何かでしかないであろう。

しかし私たちがあくまで、あらゆる認識的構造を最終的に述語的な基礎構造にもとづけ、それゆえまた宇宙の自己認識的構造も本質的に述語的に把握しようとする姿勢を堅持するならば、私たちは宇宙の歴史も〈アプリオリに自己拡張する判断[17]〉というモデルにしたがって、要するに〈アプリオリな総合判断〉という様式にもとづいて構成しなければならない。この構成のための標語（モットー）をシェリングはこのように定式化している。「したがって私たちが自然を知るのではなく、自然はアプリオリにある……[18]」と。

ただしこの標語がいかに機能するべきかは、私たちが比喩にとどまっていても、まだあきらかでない。宇宙のこのアプリオリな自己拡張の始まりをどのように解すべきなのだろうか。認識的には根本的に理解できない存在的（オンティッシュ）前提を、自己認識的構造は必ずしももたないのだろうか。というのも、自己認識的過程（プロセス）の始まりはどこからそのエネルギーを手に入れるのだろうか。つまり、眺望の全体ではなくても、少なくともこの点がそもそもはっきりしないだけでなく、後に見るように、この点をあきらかにすることにシェリングの、より詳しく言うと『諸世界時代』第一巻の本質的関心がある、とするならば。

しかしこの思考の歩みの全体についてはまだほかに問題含みの帰結がある。この思考の歩みは目的論的テーゼを含意している。このテーゼによると、宇宙は私たちの頭のなかで明示的な自己認識に達する。この自己認識は宇宙の歴史において特権的身分を手に入れる。しかしこの特権的身分によって、ひるがえってこの歴史そのものがジョン・ホイーラー風の《自己言及的宇宙生成論》という意味における認識的な〈アリ方〉を手に入れずにはおかないのである[19]。

したがって、認識する存在者を生み出した世界については、その産出力は最終的にそのような結果を生み出しうる、と考えられなければならない。これはさしあたり実際もっともらしく思われる。それにもかかわらず、この力はそれが生み出したものと同じ種類のものであると言われるならば、その点に関しては疑念が残る。というのも、ここでは創発的結果を参照するのがもっともらしいだろうからである。創発的結果とは、還元主義的に説明できない成果であり、まったく新しい性質をもつシステムの出現である。

いま紹介した構想の擁護者である想像上のシェリングは、むろんこれ〔創発〕に反論するだろう。〈まったく新しい性質をもつシステムの発生は否定しえないし、私にはそのつもりもない。しかしこのことが含意しているのは、宇宙の過程（プロセス）は創造的過程（プロセス）と解されなければならない、ということでしかない。そしてそうであるならば、私たちは再び、私たちにただひとつ知られている種類の創造的なものを、つまり認識する存在者である私たちが芸術と学問において行ないうる種類の創造的なものを尺度とせざるをえない〉と。

したがって今しがた素描した企図（プロジェクト）は、まったく新しい性質をもつシステムの登場と完全に両立しうる。それどころかそのようなものの登場は、この構想とその認識的特徴とが妥当であることの特別な証拠としても用いられうる。すなわち、宇宙の発明の才は私たちの認識体制において貫徹され、反対にこの体制によって説明されるのである。

この種の形而上学に反対する者は、ここでむろん追求の手をゆるめず詰問するだろう。〈なぜ私たちは宇宙を事もあろうに、認識する存在者の時間的に有限な存在が私たちに命ずるがままに理解しなければならないのか。なぜ私たちの宇宙理解はよりによって世界内の一事物の認識体制を尺度にとらなければならないのか。この一事物について私たちが知っていることといえば、それは生じはしたもののいずれ滅びるであろうし、その滅亡に宇宙はべつだん痛みをおぼえないにちがいない、ということなのに〉と。

要するに、人類（ホモ・サピエンス）の有限性に関する洞察にしたがえば、認識能力をもつもののはかない存在から完全に独立している宇宙像をこそ描くべきではないのだろうか。

いま素描した形而上学の擁護者である想像上のシェリングはこれに対して〈この異論は曖昧だ〉と答えるだろう。もしこの異論が、私たちは認識的に厳密に中立な宇宙像を拵えるべきだと言っているのなら、この異論はすぐさま自壊するだろう。言うまでもなく、認識的に中立な宇宙《像》はもはやそもそも《像》ではない。もしこの異論がいわんとしているのが、宇宙を構想する際に私たちは〈この宇宙は私たちの認識から独立であり、私たちの認識は宇宙を産出するのではない〉という事情を勘案しなければならない、ということでしかないなら、こうした要求はいま素描した形而上学の側から見ると、開いている門を無理にこじ開けようとしているにすぎない。というのも、この〔形而上学の〕理論によれば、実のところ私たちの認識が宇宙を産出するのではなく、逆に宇宙が私たちの認識を産出するのだからである。それどころかこのことこそが、宇宙の自己認識的構造がもたらす帰結のひとつだったのであって、この帰結によって先の理論が要請されたのであった。

最後にこの異論はこんな風にも読まれうる。それによると〈宇宙は次のような意味において宇宙の認識から独立していると解されねばならない。つまり、Fa判断である認識は根本的に命題的性質をもつ。それゆえこの認識は《pである》という出来事である。この出来事は妥当という無時間的現象なので、根本的にいって物的なもの、事実的なもの、発生といった時間的現象とは別の存在論的身分をもつ〉。これに想像上のシェリングはこんな具合に返答するだろう。〈発生と妥当の区別はもちろん顧慮しなければならない。しかしこうした顧慮は、一種の（内的）二世界論のような、労力を要しながら結局はもっともらしくない理論にもとづいて行なわれなければならない、というのだろうか。この種の二世界論は、叡智界と感性界を確立することによって、実際のところ妥当と発生の対立をたんに続行しているにすぎない。〔むしろ〕存在論的節約にもとづいて、疑いなく重要なこの対立を本質的にいっそうもっともらしい理論、つまりひとつの世界やひとつの宇宙に関する理論と両立可能となるように努めるべきではなかろうか。したがってひとつの世界は、このような空間・時間的なものと命題的なものとの対立を生み出すものと解されねばならないのではないか〉。

　ところで、たしかにこのような反問はそれだけですでに目下の問題の解決であるというわけではない。しかしこの反問によって私たちは、シェリングの（内的・）一元論的形而上学への代替案のひとつがただちに、それにもかかわらず再びもうひとつの形而上学、つまり二元論的形而上学でしかない、ということに敏感になる。なるほどこの問題は厄介である。真あるいは偽でありうる型（タイプ）の命題について、その〈妥当の現象〉は実際、時間・空間的な事実から厳密に分離しうる。しかしどれぐらい厳密にだろうか。そもそも比較できる点はないのだろうか。このような関連においてG・パツィヒは示唆に富む類比（アナロジー）をのべたが、この類比（アナロジー）は命題の真理条件の妥当概念を理解する際の手助けになる。「《真理条件》という表現が《生活条件》という表現とできるかぎり同じく聞こえるようにと、ぜひとも推奨したい。ある有機体はその生活条件が満たされている領域においてのみ生息することができ、この生活条件が本質的に変化するとたちまち死滅する。それと同じように、ある命題が真でありうるのは、その命題のための真理条件が満たされている場合にかぎられるのである[20]」。

もちろんこのような類比（アナロジー）にも限界はある。この類比（アナロジー）に対する限界は本質的に次のようにして引かれる。「なるほど生きているという性質は有機体の実在的特徴でありうるが、諸命題の真理という性質は、それに比較しうるような命題の実在的性質ではない。生きている有機体が有機体の死骸から区別される具合に、真なる命題が偽なる命題から区別されるわけではない。《真》から《偽》への変化は生から死への変化のような時間的移行ではない[21]」。

このような差異はたしかに否定しえない。しかし差異を保持しつつも維持されうる〔両者の〕構造的連関をそれでもこの類比（アナロジー）はあきらかにしてくれる。さらにこうも言える。宇宙の自然な認識過程（プロセス）がどのようなものかをいっそう明確にとらえたければ、私たちは宇宙を実際に認識するしかない、と。何にせよ、だからといって私たちはもはや苛立ちはしないだろう。というのも、これと同じことが私たち自身の認識過程（プロセス）にもあてはまるからである。私たち自身の認識過程（プロセス）も、私たちはそれを別様に認識しうる程度にのみ認識できる。したがってしばしば私たちは自然の過程（プロセス）の構造をアルゴリズムによってシミュレーションする。私たちの認識過程（プロセス）についても（人工知能によって）同様のことを行なう。もっとも私たちは、このシミュレーションが私たちの認識過程（プロセス）にとって（おそらく自然の過程（プロセス）

にとっても）原理的に不完全であり、この意味において妥当もしないだろう、ということも知っている。

アルゴリズムが計算の特殊な一類型であるとすれば、すでに《有限なもの》の概念のような比較的単純な概念にもあてはまることがある。つまり、たしかに私たちは、この概念のあらゆる精密化が同等である、ということを示しうるが、さらに、私たちと同じことを行ないうる計算はない、ということも証明ずみなのである。モストフスキ（一九三八年）によるこのような結論を、ハーゼンイェーガーは「演繹的な可能性の成文化された体系は、いかなるものであろうと、有限性の直観的概念の内容を汲みつくさない[22]」と定式化した。これは〈有限性の公理（axiom of finitude）はない〉とも言いあらわされた[23]。言いかえると、私たちの認識能力の本質的側面は、アルゴリズムによってシミュレーションできないのである。したがって私たちは宇宙も、私たちが私たち自身を認識しうる程度にのみ認識しうるし、その逆でもある。要するに、私たちが私たち自身を認識しうる少なくともその程度にのみ、宇宙も自己自身を認識するのである。

〈認識を獲得する宇宙〉の理論は、唯物論的／観念論的という選言を横断するということを付言しなければならない。この理論は観念論的である。というのは、物質の過程（プロセス）も自然の認識過程（プロセス）と解されるからである。しかし同様にそれは唯物論的でもある。というのは、私たちの認識は、世界が自己認識する際の証書（ドキュメント）であり器官（オルガン）にすぎないからである。

それにもかかわらず、この理論は命題的過程（プロセス）と物質的過程（プロセス）の対立を単純に消去しようとはしない。

この理論の本質は、根本的な意味でふたつの存在者が両立しうるための条件が世界内で満たされねばならない、ということ以外にない。したがってこの構想は世界内の存在者に関する二元論とは相容れない。実際、このような二元論は存在者の二領域間の克服しがたい移送問題に取り組んでいる。この問題を満足のいく仕方で解決することに成功したら、その瞬間にこの二元論は自己を抹消するであろう。

最後に、世界内一元論を支持するこのような見地は世界外二元論と両立可能である。それは世界内一元論という特徴が存在論的（オントロギッシュ）だからである。ここでは〈空間・時間的なものと命題的なものの両立可能性の条件を充足する〉ということが要請されている。これに対して世界外二元論は存在的（オンティッシュ）特徴をもつ。つまり〈そもそも何か或るものがある〉ためのエネルギーは余すところなく消費され〈述語的性格をもつ存在者〉になるというわけではないのである。したがって〈ある〉のこのような《残りの》意味には述語づけ以前の経験のみが接近（アクセス）しうるので、この経験は意味論的次元の外側で《見出さ》れることになる。この究極の経験を宇宙の認識的一元論は除去しえないが、私たちを宇宙以前へ、世界以前の地帯へと駆り立てるのもこの経験なのである。

このような世界外二元論をシェリングは断固として主張しているが、この二元論は世界内一元論を抹消しないとも主張している。世界内一元論にとってこの二元論は決して活動を止めない前提でありつづける。この前提のゆえに、述語づけによって成立するものの全体は爆破の危険に晒されているのである。

この普遍的な内的全体論（ホーリズム）は、それがもつ世界以前の前提によって、世界外二元論と両立可能であるように配慮されている。とはいえその思弁的性格が否定できないのはたしかである。しかしこの思弁という身分を、同様の要求を掲げるあらゆる代替案も共有している。あらゆる代替案のなかで最大限の信憑性をかち得たものが選ばれるべきだろう。しかしそのためにもまずは、シェリングへの途上、ここで素描された代替案を私たちは熟知しなければならなかった。というのも〈見知ラヌモノカラハ選ブベキデハナイ〉からである。

第11節　述語づけの開始条件——超越論的理想に関するカントの理論

ひき続き自発的にシェリングに定位しながら、ここまで私たちは方法論的形而上学の消尽線のいくつかを得ようと努めてきた。これらの線をたどると〈述語づけの成功条件〉という側面の彼方には〈世界の構造に関する存在論的仮説〉が、〈述語づけの獲得条件と妥当条件〉という側面の彼方には〈存在者〔本質〕のカテゴリーと概念〉が、最後に〈述語づけの存在条件〉という側面の彼方には——もちろん何の前提もないわけではないが——〈自己認識する宇宙〉という奇妙な観念がある。形而上学のこの三つの方法論的アプローチからは、あきらかに哲学の伝統的な計画（プロジェクト）が見え隠れしている。しかし現代哲学との関連を保持しうるためにも、述語づけに方法論的に定位することによって、私たちは同時にこのような計画から十分に距離を保つ。〔ところで〕このような事情であればあるほどいっそう驚きなのは、ここまでの準備がシェリングへの途上における回り道ではない、ということである。なぜならば、私たちが初めてシェリングの言質をとろうとする箇所は、カントの理論と関連しているが、私たちがこれまで方法論的に素描してきたのと同じ〈述語づけの理説〉にもとづく形而上学を、その理論は提示しているからである。しかもこの〈述語づけの理説〉とは『純粋理性批判』における超越論的理想の教説なのである。(24)

この教説において手初めにカントは、彼自身の命名になる〈規定可能性の原則〉を導入する。より詳細にいえば、この原則は〈述語のさらなる既定の原理〉と解しうる。それによると、そもそも矛盾律 $(\overline{\exists x})(Gx \wedge \bar{G}x)$ に違反すべきでないなら、あらゆる所与の述語Ｆはつねにただふたつのたがいに矛盾した述語Ｇと $\bar{G}$ のいずれかによってのみさらに規定されうるのである。したがってこのような〈述語のさらなる既定の原理〉には、もっぱら論理的根拠にもとづく〈あらゆる述語づけの継続の制限〉という身分しかない。そしてこの原理は複数の述語を経由して進行するｘを用いて $(x)(Fx \rightarrow Gx \vee \bar{G}x)$ と定式化しうる。カントによれば、これと区別されるべきなのが〈汎通的規定の原則〉である。この原則は述語にではなく、述語づけのあらゆる対象にかかわる。

この原則は〈述語づけの開始条件の原理〉と解しうる。私が所与のａに属する述語を求めるならば、ただ述語に関連する論理的制限が妥当するだけではない。つまり〈そもそも排中律 $(x)(Fx \vee \bar{F}x)$ に違反すべきでないなら、あらゆる所与の述語ＦについてそのつどＦか、それと矛盾対立する $\bar{F}$ のいずれかのみがａに属しうる〉というだけではない。さらに〈あらゆる可能な述語ＦについてそのつどFか、その矛盾対立する対(ペア)である$\bar{F}$がそれに属さなければならない〉ということが、この対象に関してあてはまるのである。(25) これは〈述語づけの対象が汎通的に規定されている〉ということを含意している。それゆえ、ある対象の完全な認識は、$Fa \wedge Ga \wedge . . .$ という連言の形式をもつ。そしてこれは、$Fx \vee \bar{F}x \vee Gx . . .$ という無限の排他的論理和からaにとって真となるように取りだされたその一部である。この無限の排他的論理和を私は〈述語の普遍索引〉と呼ぶ。私がaにとって真である述語Fだけを探し求めても、そのとき私はすでにこの〈普遍索引〉に関与している。言いかえると、あらゆる述語づけにおいてこの索引の存在は事実上承認されており、この索引は述語づけが開始される際につねに前提されているのである。カントはこの〈普遍索引〉を《事物一般のあらゆる述語の総体》ととらえる。ところで述語づけの対象にとって、このあらゆる述語の総体は同時にその可能性の〈余地〉の全体なので、〈普遍索引〉の存在は〈述語づけの対象の可能性の条件〉である。これに関してカントは次のように述べている。「〈存在するあらゆるものは汎通的に規定されている〉という命題は〈たがいに対立するあらゆる所与の述語だけでなく、あらゆる可能な述語に関して、つねにその一方がこのものに属する〉ということを意味している。この命題によって、たんに述語のみがたがいに論理的に比較されるだけでなく、事物そのものが〈あらゆる可能な述語の総体〉と超越論的に比較されるのである。この命題がいわんとしているのは〈事物を完全に認識するには、あらゆる可能なものを認識し、このことを介して事物を、肯定的であろうと否定的であろうと、規定しなければならない〉ということである。したがって汎通的規定は、私たちが〈具体的ニ〉その総体を提示しえない概念であり、それゆえ理念にもとづいている。悟性にその完全な使用の規則を指定する理性にのみ、この理念はその座を占めている」[26]。

この思考の歩みはここまでは問題がなく、ひとつの思考実験として不連続存在論にもとづいても追体験しうる。事実、G・ハーゼンイェーガーはカントの〈普遍索引〉とも両立可能である〈世界目録〉を構想した。この目録はこのように導入される。「不連続存在論によって記述される構造をもつ世界があれば、それはひとつの――場合によっては無数の――目録K_1によって、つまり〈ある性質が実現され（事物に属し）、ある関係が成りたつ（一対の事物のあいだに、三組の事物のあいだに、等々）あらゆる事例の目録〉によって、完全に規定されているだろう」[27]。言うまでもなく、この目録に実用性はない。それは、あらゆる事物、性質、関係をあらわす記号が手元になければならないから、という理由だけではない。なかでも特に――これはカントの〈普遍索引〉にも言えるのだが――特定の事物aが特定の性質Fをもたないかどうかを確定するために、そのつど目録全体に丹念に目を通さなければならないが、「場合によっては《無限に多くの歩みのあとで》初めて答えが得られるかもしれない、つまり、そもそも何の答えも得られないかもしれない」[28]からである。結局、ハーゼンイェーガーはK_2に真理値の解釈を提供する部分目録K_Aを導入している。しかしいずれにしてもここでは思考実験だけが問題であり、思考実験では私たちは実際、目録の理想的な作者や解釈者を前もって考慮に入れてもいいのだから、このような世界目録の実践的問題がここでこれ以上、私たちの妨げになるはずがない。私たちにとって重要なのは、私たちがこれまでカントの考察につき従ってきたかぎりでは、〈普遍索引〉というカントの理念は、たとえば彼の超越論的哲学の枠組みにおいてのみ議論されうるものではない、ということである。もっとも、不連続存在論との両立可能性がここで証明されたにしても、このことは、述語づけの〈普遍索引〉に関するさらなる考察をもはや目的としたものではないのだが。

手始めにカントは、述語づけの〈普遍索引〉の整理と純化とを提案する。カントによれば、整理の原理は〈あらゆる可能性の総体〉という理念である。しかしこの理念は〈普遍索引〉に結びつけられている。ここで意図されている通り、総じてこの理念に整理の原理という機能を与えうるために、いまやカントにおいてひそかに意味の転移が起こる。つまり《総体》という語は外延的に解されうるが、その場合はたんに《集合》や《範囲》と同じような意味になる。こうした理解でこれまでは十分だったし、その理解は〈普遍索引〉の議論が今のところ不連続存在論と両立可能であることの理由にもなっている。しかし《総体》という語は内包的にも解しうるし、その場合は〈ある事象の最大の上昇度〉をあらわす。したがって馬の総体は、外延的に解されると、あらゆる馬の集合であるが、内包的に解されると、馬の典型例である。いまやカントは、このような内包的意味において、つまり〈可能的なものの最大の上昇度〉という意味において《あらゆる可能性の総体》という表現を用いる。このように理解される場合にのみ《可能性の総体》という表現は〈普遍索引〉の純化の原理としても機能しうる。というのも、この表現はいまや規範をあらわしているからである。この規範にもとづいて〈普遍索引〉の述語がこの規範と両立しうるかどうか吟味できるようになる。〈可能的なものの最大の上昇度〉と両立しない述語は〈普遍索引〉からふるい分けられる。したがってまずは矛盾した述語や冗長な述語がふるい分けられるが、さらにあらゆる経験的述語もそうすることができる。というのも、経験的述語は可能的なものの不十分な様態しかあらわしておらず、そのためこれもまた〈可能的なものの最大の上昇度〉という理念と相容れないからである。この歩みにともない、私たちの〈普遍索引〉はいまや一挙に空っぽになったので、いかなる述語がまだ手元に残っているのか、あえて問う勇気のある人はほとんどいないだろう。それでも問わずにはいられない。いったいいかなる述語が最終的に、〈可能的なものの最大の上昇度〉という私たちの整理のアプリオリな原理と両立しうるのであろうか、と。あきらかに、この原理そのものしかない。というのも、〈可能的なものの最大の上昇度〉としての〈あらゆる可能性の総体〉は、可能的なものに関して自己とならび立つ他の度合いを許さないからである。〈普遍索引〉は縮小して唯一の概念になる。《あらゆる可能性の総体》は、それが内包的に解されるならば〈可能的なものの最大の上昇度〉である。ただひとつ手元に残っているこの表現はいまや単称名辞でもあるのだから、それは唯一の対象に適合する。

　この対象をカントは純粋理性の理想と名づけ、[29] これについて、それは「人間理性がもちうる唯一の本来的な理想［である］[30]」と述べている。重要なのは、この理想が初めて事物一般の汎通的規定の原理に対して必要な裏地を与える、ということである。というのも、この理想は述語づけのあらゆる対象にとって、その原対象とも言うべき唯一の対象だからである。この理想がもつこの機能をカントはこんな具合に説明している。「私たちの理性において、いわば素材の全在庫と、それゆえ事物の可能な全述語と解されうる超越論的基体が汎通的規定の根底に置かれるならば、この基体はあらゆる実在性（omnitude realitas）という理念にほかならない[31]」。事物のあらゆる可能な述語のためにこのように素材の役割を果しているので超越論的理想は次のようにも特徴づけられうる。つまり、あらゆるもの（x）に対してそれぞれと同一であるもの（y）として存在しているので、それはあらゆるものが存在するように配慮している、と。（x）（∃y）（x=y）。その結果、あらゆる述語づけにおいて超越論的理想は共に語りかけられはするが、しかし語り出されることはない。それはあらゆる述語を包括する対象であり、そのようなものとして「事物それ自体の概念[32]」である。したがってそれは「あらゆる事物の原像（prototypon）であるが、他方で事物は総じて不完全な模像（ectypa）であり、そのようなものとしてみずからの可能性の素材をこの原像から受けとる。多かれ少なかれ原像に接近するにもかかわらず、事物は原像に達することはできず、両者のあいだにはつねに無限のへだたりがある[33]」。このような賛美歌めいた診断が動機（モチーフ）となって最終的に超越論的理想は《根源存在者》（ens originarium）、《最高存在者》（ens summum）、《全存在者の存在者》（ens entium[34]）とも特徴づけられる。とはいうものの、ここで問題となっているのは〈述語づけの対象の前提〉として対象化された理念でしかないので、私たちは「このようにいちじるしい特権をもつ存在者の有無については完全に無知に[35]」とどまるのである。誰の驚きのたねともならないだろうが、この批判的診断によって私たちは重要な神学的帰結を間一髪かわしたことになる。しかしそうであればあるほど〈超越論的理想をめぐる全考究は（計算における変数ではなく）志向的変数ないし志向的代名詞（《何か或るもの》）の機能を記述することに還元されうる〉と私がいえば、なおさら驚きであろう。この志向的代名詞があらわしているのは、私たちのあらゆる認識的努力の探求ベクトルが向かう先である。したがって超越論的理想とはたんに〈何か或るものが意味〔指示］するもの〉、あるいはフレーゲ風の言い方をすると〈変数 x が漠然と暗示するもの〉である。ここで漠然と暗示されているものは、あらゆる対象の総体と同じく暗く判然としない何かである。記号ｘを完全に理解するには、議論を通じてｘが具体化される以前に、カントが*超越論*的肯定と呼ぶものを避けて通るわけにはいかない。「超越論的肯定とは、その概念自体がすでにひとつの〈ある〉をあらわし、ゆえに実在性（レアリテート）（事象性（ザッハハイト））と名づけうる或るもののことである。なぜならば、もっぱら超越論的肯定によって、またそれが及ぶかぎりにおいて、対象は或るもの（諸事物）だからである[36]」。

　事物の汎通的規定という理念は、ほかの何かよりもいっそう無理なく変数の理解と結びつきうるもののようにも思われる。というのも、〈私たちは何か或るものに関係している〉と私たちが言うとき、意味論的未規定性によって事実上、私たちは〈私たちが*特殊的に関係しうるあらゆるもの*〉に関係しているからであり、同時に、私たちは〈*何か或るものでありうるようなあらゆるもの*〉にも関係しているからである。実際ここで私たちは必ずしも外延的理解によってのみ導かれる必要はない。というのも、《何か或るものでありうるようなあらゆるもの》という表現には集合的側面だけでなく内包的側面もあるからである。そういうわけでたとえば、私たちは〈あらゆる馬〉だけでなく、そこにおいて或るものが馬であるような、駄馬から最も高貴なアラビア馬に至る〈あらゆる種類〉にも関係している。したがって変数はあらゆる事物をあらわしている。つまり〈事物でありうるあらゆるもの〉と、〈どのような仕方で事物がそのようなものでありうるのか〉という〈あらゆる種類〉とをあらわしているのである。ところで、このように数えられない水準にある〈あらゆるもの〉というとりとめのない概念は《ほつれゆく》意味をもつので、このあいまいな〈対象〉はなかんずく統一を失うのではないか、と反論されるかもしれない。それどころか、結局この〈とりとめのなさ〉のせいで、私たちはそもそもひとつの《対象》について語りえなくなるのではないか、と疑われるかもしれない。それにもかかわらず、意味論上の〈とりとめのなさ〉は《ここで念頭に置かれているもの》の形式的統一とは原理的に関係がない。このように漠然とした術語によっても、それどころかその意味をほとんど、あるいは、まったく言えない（つまり使用規則を知らない）術語によっても、依然として一なるものに関係している。[37] なぜならば、言語上の術語のあらゆる使用は、私たちの心的活動の根本的方向づけにもとづいて、〈何か或るもの〉へとすでにさし向けられているからである（志向的ベクトルは〈欲求されている或るもの〉という磁極を熟知しているのである）。したがってまったく正当にも、すでにアリストテレスは〈不定のものもなんらかの仕方で一なるものを未規定のものとしてあらわしている〉（ἓν γάρ πως σημαίνει ἀόριστον）、と語りえたのである。[38] これが事実でないとすると、私たちは不明な事物について決して語りえないだろう。それゆえ私たちが自然な変数によって関係するものは、私たちの〈一にして全〉である。それは包括的意味において〈あらゆるものの源泉〉である。それは、それ自体はいかなる輪郭ももたないが、あらゆるものを身に纏うことができる。それは、それ自体は単称名辞と一般名辞に対して無差別である何かである。私たちが総じて関係するものは、〈何か或るものであるような何か或るもの〉である。述語づけのあらゆる対象のためのこの記念すべき避難所は、未規定的な存在の前提（undetermined existential-presupposition）によって〈意味論に先んじてすでに関係づけを行なう私たちの能力〉の機構（メカニズム）（注意的／志向的態度）に組みこまれている。すなわち、（∃x）（Φx）。〈述語ヅケノ相ノ下デハ〉、この原事物は〈あらゆるものがあらゆる種類のものでありうるようなもの〉、〈述語的原プラズマ〉である。述語づけの対外関係という視圏（パースペクティブ）から見ると、つまり〈存在ノ相ノ下デハ〉、あらゆる存在するものに〈すでに先んじているもの〉がある。それゆえ、あらゆる存在するものは〈ありうるがないもの〉へと関係づけられている。それにもかかわらず、これが関係づけられているのは〈総じて（まだない）何かがありうる〉ということなのだから、この〈ありうるがないもの〉は〈すでにあった（存在していた）もの〉である。この〈すでにあったもの〉は存在するものの存在的（オンティッシュ）過去（古代の語法によれば〈スグレタ意味ニオイテ〉τὸ τί ἦν εἶναι〔本質〕）である。この視圏（パースペクティブ）から見ると、カントの超越論的理想は最古の存在者〔本質〕という性格を獲得する。

第12節　シェリングと超越論的理想に関するカントの理論との関連

はじめにシェリングによれば、理性の理想をなによりもまず個別的対象としてとらえたという点に、カントの功績はある。「このようなものとして理性の理想は同時にあらゆる可能的・現実的〈ある〉の素材にして質料であろう[39]」。カントの理論を批評するにあたり、シェリングは原典(テキスト)にあくまで忠実にカントの批判的洞察を堅持している。この洞察によれば、純粋理性にもとづくかぎり、私たちはこの対象の存在について何も決定できないのである。この批判的観点を簡潔に説明しなければならない。一般に〈或るものが存在するかどうか〉を吟味するとき、私たちは〈或るものが実際に見出されうるかどうか〉を調べる。つまり、ある集合への帰属条件、ある述語の例示条件を満たすもののことである。一例をあげると、《雪男》のような説明可能な述語が与えられると、ヒマラヤ探検へ向かい、この述語に該当するものがあるかどうかが探索される。そのような探検なしには、要するに〈外延的に未規定で、内包的にある程度規定されている述語〉をたよりにしながら、探求の過程(プロセス)が実施されなければ、存在について決定できない。この場合〈或るものが存在する〉ということは〈ある述語の外延が空(から)でない、Fの妥当するxがある〉と同じ意味になる。したがって私たちがFであるaを見出したなら、こう言うのである。Fa→(∃x)(Fx)。

ところでカントの超越論的理想は、任意のFが属するものではなく、あらゆるF、それゆえΦが属するものである。またそれは任意のaによって指示されるものではなく、あらゆるa、それゆえxによって指示されるものである。したがって、そのような対象の存在について決定できないのは明白である。というのも、あらゆる特殊な単称名辞と述語とに対して、このような対象は無差別だからである。探索しようにも、探求指令(特定の述語)も特殊な探求領域(特定の単称名辞、目印となる特徴）も私たちは自由に用いることができない。だからすでに見たように、《あらゆる可能性の総体》という表現をカントはたしかに単称名辞として導入するし、この名辞の形式的性質は個別的対象をあらわすことにある。しかしこの対象の存在をたしかめようとしても、この確認に必要となるそれ以外の前提を、私たちは意のままに用いることができないのである。このことはもちろんシェリングも承知している。それゆえ彼によれば「たんなる《あらゆる可能性の総体》は相変わらず広すぎる概念なので、それによって何ごとかを始めて、なんらかの規定されたものに至ることはできない[40]」のである。最初に可能性概念をあきらかにするために、シェリングは「現実に存在する事物をこの可能性の相関項とし、〈現実に存在する事物が自分自身の内で表現するさまざまなあり方〉をこの可能性として説明する[41]」ことを提案する。ここでシェリングは可能性概念を空間・時間的存在者の〈余地〉へと制限している。この〈余地〉の例としてあげられているのは《無機的なもの》や《有機的なもの》、あるいはより具体的に《馬》や《動物》である。しかし言うまでもないが、このように空間・時間的存在者のさまざまな実現された可能性を全部合わせたところで、《あらゆる可能性の総体》のようなものには該当しない。そのような総体の理解へ通じているのは次のような考察だろう。それによれば、空間・時間的存在者のいま名前をあげたあらゆる〔実現された〕可能性には、〈それらが根源的でないこと、前提となる可能性から汲みあげられたにすぎないこと〉がまちがいなくあてはまるのである。実際シェリングは、可能性のもつ概念的ならざる深みにまでつき進むために、次のような厳密に発展論的な議論を始める。「これらのあり方が根源的でありえない、ということを感じない人がいるだろうか。むしろ、経験によって与えられるこれらのあり方は、たとえどのような中間項を経由しようと、最終的にはもはや偶然的ならざる根源的区別、〈あるものそのものの本性に属するあるものの根源的区別〉から導出されるのだと想定できる」[42]。したがってカントが〈可能的なものの最大の上昇度〉として、〈究極の可能性の総体〉としてとらえた可能性の総体を、シェリングは発展論的議論によって根源的可能性の総体としてとらえようとする。その結果、ふたつの限界概念はたしかに等価であるが、しかし接近方法（アクセス）の相違によって最高存在者（*ens summum*）と根源存在者（*ens originarium*）として相対しているのである。同じもののこの二重の側面にカントはすでに言及していた。しかし根源存在者（**ens originarium**）は発展論的議論によってではなく、幾何学的議論によって導入されている。あらゆる図形が無限の空間を制限する異なる仕方にほかならないように、事物のあらゆる多様性は「事物の共通の基体である最高の実在性という概念を制限する、事物の多様性と同数のさまざまな仕方にほかならない」[43]のである。これをシェリングは「制限にもとづく機械的説明」[44]と呼んでいる。

いずれにしてもシェリングは第一様態（Prim-Modalität）へと回帰することによって可能なものの総体に到達する。この第一様態によって、空間・時間的に実現されるあらゆる可能性に発展開始の機会が与えられるのである。この第一様態があらゆる空間・時間的存在者を現に初めて可能にするならば、この第一様態についていったい何をさらに決定しうるのか、ということが当然ながら問題になる。この問いに答えるまえに、簡単にではあるが、このような発展論的な問題設定の正当性について、もう少し検討しよう。シェリングは、この問題設定をもっぱら〈有機体の発生〉に関する問いとしてのみとらえるのではなく、問いの次元を下方へと《延伸し》て、〈全宇宙の発生〉を議論の俎上にのせている。このような徹底的な拡張それ自体には問題はなく、原理的に首尾一貫しているにすぎない。たとえば経験的宇宙論という手段に訴える場合、たとえこの問いの次元において一定の限界を越えられないだろうと私たちが想定しうるとしても、そう言えるのである。実際、歴史的に与えられる限界については、それが新しい調査結果と理論とによって《下方へと》ずらされえない、という事実は知られていない。だとすると、問いの次元全体の思弁的徹底性は宇宙論ないし宇宙物理学の所与の現状を前提条件とすることはできない。言いかえると、思弁的宇宙論はこれらの経験科学から自立した方法論的手続きをとらねばならないのである。もっとも思弁と経験というふたつの労働において同じ概念的エネルギーがはたらいていることを証言する、そのような構造的相同はあるかもしれない。さらに形而上学的思弁は基礎的発見学にほかならないとしても、この発見学はあらゆる〈発見ノ文脈〉の根底にある以上、理論形成のあらゆる過程にその形式的遺産が残されている。〔そういうわけで〕経験的宇宙論から思弁的宇宙論が自立しているとして、そのことを保証してくれる方法論的手続きが実際にあるのかどうか、ということだけが問題になる。とはいえ、ここまで話を進めるうちに、私たちにはこの問いに対する十分な心構えができている。すなわち、このような方法論的手続きは現にある。〈述語づけの理論を《下方へ》拡張し、あらゆる述語づけの形式的宇宙論という観点を仕上げる〉というのが、その手続きである。そこでこのような確言とともにいまやシェリングの方をふり返ろう。そして〈あらゆる空間・時間的なものを実際に可能にする第一様態についていったい何を決定しうるのか〉という問いに、彼がどのように答えるかを見てみよう。そうすると私たちは、シェリングがほかならぬ述語づけの理論の助けを借りて答えをめざしていることを見出すだろう。彼の時代にはまだ、この理論は判断の主客構造という専門用語にしばられていた。しかしそのことがここで私たちの障害になるには及ばない。みずから進んで沼地にはまりこむつもりが私たちにないなら、形式的宇宙論や、それどころか神統記（テオゴニー）の実現へと向けて努力している、シェリングの全思弁は、実際のところ述語づけの理論の方法論的な構築としてのみ説明されうるのである。

したがって第一様態は、さしあたりたんに〈単称名辞あるいは述語という意味における何か或るもののための可能性を準備するもの〉でしかない。別言すれば、宇宙の発生は〈述語ヅケノ相ノ下デハ〉ひとつの過程（プロセス）なのである。この過程（プロセス）によって構造が生じ、単称名辞あるいは述語が《つかめ》るようになる。すなわち〈性質をもち関係の内にある個体〉が生まれるのである。私たちが手にしているこの存在者の概念は、私たちの名辞の使用規則に関するものでしかないが、この規則は個体の概念と両立可能な宇宙を前提している。とはいえ、そのような宇宙は天から降ってきたのではない。〈存在ノ相ノ下デハ〉宇宙は可能性の実現である。この可能性の実現を、私たちは未完の述語の形式的構造Fxを手引きとして推定しうるのである。したがって宇宙の発生の形式的な構造は〈つねにxとΦであったものがFaになった〉というものである。あるいは、〈つねに何か或る個体と何か或る性質（関係）であったものが性質（関係）をもつ個体になった〉とも言える。事実、基本的述語づけが私たちの認識能力の核であるなら、この思考実験は本質的に核分裂に、つまり述語的原子の分裂にもとづいている。ところで――同じ比喩にとどまるならば――ここで放出される放射線はあらゆる言説にとってまちがいなく致命的である。というのも、無意味の制御不能な散逸が生じるのだから。実際、私たちがｘとＦの下で理解しようとしているものは、Fx構造の実現以前には皆目不可解である。私たちにとって唯一の手掛かりは、〈分裂した述語的原子核の亜原子的諸要素は、それらが基本的意味構造Fxへの融合の可能性を示しているように扱われなければならない〉ということである。シェリングの態度はちょうどこの戦略の意味に適っているし、まさにこのような仕方で彼は第一様態の特徴づけを行なっているのである。したがってシェリングは無意味の放射線に晒されもするが、これはなによりもまず〈意味論的次元の発生を説明するために、シェリングがこの次元を粉砕しなければならない〉ということでしかない。そして「なぜそもそも意味があるのか、なぜ意味のかわりに無意味があるのではないのか」および「世界全体はいわば理性の内にとらわれているが、しかし問いは、いかにして世界がこの網のなかへ入ってきたのか、ということである」[45]という、すでに触れたシェリングのふたつの問題に思いきって着手しようとするならば、ぜひともこの危険を冒さざるをえないのである。

このようにしてカントの超越論的理想の理論から出発しながら、シェリングはひとつの転換を遂行する。というのも、述語的可能性の空間をそもそも初めてあらしめ、同時に意味を生じさせる単数の実在性として、シェリングはこの理想を解釈するからである。ところが歴史的にみると、この転換はカントとアリストテレスの一体化である。[46]というのも、述語の亜原子領域においてシェリングに必要なのは、結合から解きはなたれた述語的要素に関する理論であり、可能的なものの実現のための潜在能力に関する理論であるが、前者はアリストテレスの実体形而上学、後者はアリストテレスの潜勢力（デュナミス）論において提示されているからである。これによってシェリングがたんにカント以前の形而上学へ復帰するのだとは言えるはずがない。ここで生じているのはむしろ、カントの超越論的哲学がもつ存在的（オンティッシュ）欠陥を克服するために行なわれるアリストテレスへの接続である。歴史的にみると、カント的動機（モチーフ）とアリストテレス的動機（モチーフ）のこの記念すべき交差は、雑種の発生源の疑いがある。もちろんこう言ったからといって誰も驚かないだろう。しかし他面、この交差の行なわれる場所は言うまでもなくシェリングの精神である。したがって体系的にみると、哲学の新種の誕生を私たちは覚悟しなければならないだろう。

第13節　述語的素粒子の理論について

カントの超越論的理想を叙述した直後、いわば実験によって読者に自己のテーゼを納得させるために、シェリングは読者を実験室へ招きいれる。そのテーゼによれば、カントは知りえなかったけれども、この理想は存在的（オンティッシュ）に深められるのである。この存在的（オンティッシュ）な深化はあらゆる〈あるもの〉の第一可能性（Prim-Möglichkeit）に依拠して行なわれる。宇宙の発生そのものが虚構であるべきでないなら、この第一可能性自身がこのようなものとしてさらに存在しなければならない。すでに見たように、この第一可能性はなんらかのFa判断の前提である。あるいはより正確には、Fa判断と両立可能な宇宙が生じるための存在的（オンティッシュ）前提である。それゆえ、この意味における第一可能性は〈何か或るものが空間・時間的に存在する以前にすでにあったもの〉である。〈何か或るものが空間・時間的に存在する以前にすでにあったもの〉は、そのこと以外には私たちがそれについて何も知らないものであり、いかなる述語でもない。シェリングはこのxを「〈ある〉のたんなる純粋な基体[47]」と名づける。したがって〈何か或るものである〉ということが、まさに「〈あるもの〉にとって第一の可能なもの[48]」だというわけである。というのも、たとえ述語によってどのようにより詳しく規定しようかと考えたところで、述語はすでに形式的に〈何か或るもの〉を、つまり述語が帰属しうる代名詞的〈ある〉を前提しているからである。ただちにシェリングが認めているように、〈何か或るもの〉はむろん、Fxである特定のxについて〈それは存在する〉と言われるような、そのような意味（∃x）（Fx）においてあるのではない。それゆえ、シェリングの表現を借りれば、〈何か或るもの〉が《言明しうるという意味で》存在すると主張することはできない。というのも、〈何か或るもの〉は実際のところ、述語がなくても把握されるからである。シェリングのアリストテレス風の言い回しによれば、それは《剝奪とともに定立され》るのである。しかしこれがいわんとしているのは〈何か或るものはたしかに《〈ある〉のある特定の仕方》では存在していないが、しかしそもそも存在していないのではない〉ということにすぎない。

ここで私たちは述語が空欄のままの存在図式（∃x）（...x...）を用いて理解の一助としうる。

〈何か或るもの〉が存在する際のこの漂白された無差別の様式、すなわち無色の代名詞的〈ある〉と、述語を言明によってとらえる特定の存在様式、それゆえ述語的〈ある〉とを、シェリングは用語の上からも区別しようとする。それによると代名詞的〈ある〉は、あらゆる種類の述語的〈ある〉とは異なる《たんに本質するだけの（bloß wesend）》〈ある〉である。シェリングにしたがってこんな風にも言えよう。つまり、〈何か或るもの〉は《原立的に（urständlich）》存在するのに対し、それが述語的に規定されるならば、《対象的に（gegenständlich）》存在する、と。最後に、〈何か或るもの〉はいわば《裸のままで》存在し、たんに《自己である（sich-seyend）》のに対し、述語的〈ある〉は、純粋にそれだけで見れば《自己の外にあるもの（das außer-sich-seyende）》である。したがってまとめるとこうなる。〈何か或るものは述語的に存在しない〉というのは〈それがそもそも存在しない〉という意味ではない、と。〈何か或るものは述語的に存在しない〉ということに関しては、プルタルコスを参照してシェリングがギリシャ語で述べているように〈何か或るものは μὴ ὄν である〉。しかしこれは〈だからといってそれが οὐχ ὄν でもある、つまりまったく存在しない〉という意味ではない。〈ある特定の仕方であるのではない〉（μὴ εἶναι）と〈そもそもあるのではない〉（οὐχ εἶναι）とは同じではない。「〈ある〉のたんなる剝奪は〈ありうること〉を排除しない」のである。この意味においてシェリングは〈何か或るもの〉の無差別な《存在様式》を純粋な力能（reines Können）、《〈あるもの〉のポテンツ》ともとらえる。〈何か或るもの〉はたんに〈それが述語的に規定された何かでありうる〉ように存在しているのである。〈何か或るものから述語が剝奪されていること〉、**述語を欠いている**

〈ある〉をあらわすために、シェリングは−Aという記号を、《言明しうる》ように——つまり述語的に——規定されてはいるが基体を欠いているあり方をあらわすために、+Aという記号を用いている。両者は自分だけでありえないのはあきらかだが、だからといってすでにそもそもないというわけではない。ところで〈何か或るもの〉は、それによって私たちが始めなければならないものであるが、しかしもちろんそれはまだ私たちが欲しているものではない。「というのも私たちが欲しているのは〈あらゆる意味においてあるもの〉だからである」[49]。それにもかかわらず「私たちはだからといってかのもの［＝《何か或るもの》］を投げ捨てるわけにもいかない。というのも、私たちはくりかえしそのように始めざるをえないだろうからである。そもそも思考においてかのものに先立つものはありえない。かのものは第一の思考可能なもの（*primum cogitabile*）にほかならないのである」。

そういうわけで私たちはつねに第一に〈あの述語のない何か或るもの〉を、第二に〈主語のない述語的規定〉を主題化するほかない。それにもかかわらず、これによってさしあたり私たちはただふたつの可能性、ポテンツ、あるいは《〈あるもの〉の契機》だけを手に入れたのである。これらの述語的原子核の分裂の所産は、同時にそのつど他のものではないので、ただひとつの意味においてある。［こうして矛盾が生じるが］この矛盾はその外部において解決される。両者の統一はそれ自体として第三のものをなし、そこにおいて代名詞的〈ある〉と述語的〈ある〉とが融合しうるのである。xとFそのものが理解されてしまえば、もちろん［それ以上］この第三のもののための場所はありそうもない。いずれにしても、この第三のものは〈何か或るもの〉でも述語でもありえない。しかし「〈ある〉

に関してはこれ以外に対立はないのだから」、これらふたつのもの以外にありえそうなものは見出されない。そうなると、この第三のものはなんらかの仕方で両者に関連しつつ両者であるにちがいない。

私たちが第三のものを、そこにおいて〈何か或るもの〉が〈これこれのもの〉でありうる存在的(オンティッシュ)媒体として、言いかえると〈何か或るもの〉と述語的規定とが両立しうる可能性としてとらえる場合にのみ、ここでシェリングが要請していることは無意味でなくなる。このように解されるなら、第三のものは普遍的な文構造Φx のための存在的(オンティッシュ)前提――それゆえ命題的〈ある〉――である。しかしこの第三のものにも次のことはあてはまる。「それゆえ、それは自分だけでは〈それがそれであるところのもの〉ではありえず、他のものとの共同においてのみ、そのようなものでありうるのだから、第三のもの(私たちはこれを±A によってあらわしたい)に関しても……言いうるのは、それが〈あるもの〉の一契機あるいは一ポテンツでしかない、ということである[50]」。〈何か或るもの〉(代名詞的〈ある〉)のたんなる〈自己であること〉と述語的契機(述語的〈ある〉)のたんなる〈自己の外にあること〉に対して第三のもの、つまり命題的〈ある〉は結局のところたんに〈自己である〉のでも、〈自己の外にある〉のでもなく、〈自己のもとにあるもの〉、「自己自身を所有するもの、自己を意のままにしうるもの[51]」である。代名詞的〈ある〉、述語的〈ある〉、命題的〈ある〉という三つのポテンツをすべて合わせることでいまや「すべての可能性[52]」が汲みつくされる。〈あるもの〉の三契機のすべてが「たがいにたがいを……必要としている[53]」ので、三契機のすべてがΦx 構造が確立されるための前提である。この構造は事実でありうるすべてのもののプレースホルダーであり、事態が存立するための〈余地〉である。シェリングの言い方では、それは「〈あるもの〉の下絵、〈あるもの〉のたんなる図案あるいは着想であり、〈あるもの〉のそのものではない」[54]。このような特徴づけにしたがえば、Φx 構造はウィトゲンシュタインの言葉を借りて《可能な事態の投影》とも解しうる。しかしたんなる投影であるかぎり、この――代名詞的〈ある〉、述語的〈ある〉、命題的〈ある〉によって――三重に構造化された可能性はまだ支えを得られず、たんなる可能性として自己自身の内部を旋回している。この投影に必要なのは存在するための支えである。この支えを私たちは次のような思想によって獲得する。〈可能な事態が存在する〉ということは、〈Φx がある〉ということに依存している。しかし〈Φx がある〉ということは再び可能な事態ではありえず、実際の事実でなければならない。言いかえると、Φx によって定義された可能な事態の〈余地〉は、もしこの〈余地〉が存在するならば、事実（この〈余地〉があるという事実）を後ろ盾にしているというだけではない（これは取るに足りない）。それは出来事（Ereignis）、より正確に言うと、第一の出来事を後ろ盾にしているのである（これは取るに足りなくないが、暗くて判然としない）。〈可能な事態の〈余地〉がある〉という出来事が生じたのである。このような出来事が生じたということは事実である（これも取るに足りない）。しかしこれも出来事ではない。事実は形而上学的に中立だが、出来事はそうではない。ところが、第一の出来事に対して〈いつこの出来事が生じたのか〉という問いが立てられるならば、〈時間に先立って〉と答えうるにもかかわらず、かの第一の出来事は、それが第一の出来事であるならば、時間的な出来事であってはならない。だとすると当然ながら、第一の出来事は物理学の意味における原因ではありえないし、それどころかそもそも物理学的に特徴づけられうる出来事ではありえない。すなわち〈そもそも或るものがある〉ということは物理学的な出来事ではない！　すでにこの時点で私たちは認識論的な拠り所を失ってしまった。しかしまさにこの喪失こそは〈独特ノ〉経験であり、シェリングによると〈そもそも何か或るものが存在する〉という純粋な積極性が与えられる様式なのである。ここでの彼の議論は、オルペウス的指示とでも名づけたいものに則って行なわれている。エウリュディケが先を行くオルペウスの後ろをついていくように、純粋な積極性は、あらゆる間接的な関連づけ（名詞的同定）の後ろをついていく。それにもかかわらず、純粋な積極性へ明確に関連づけられると、この積極性は消えてしまうのである。言いかえると、純粋な積極性において検証主義的立場は挫折するのである。検証はここでは解消を意味している。したがって私たちの概念的理解が降伏してもなお〈そもそも或るものが存在する〉という状況の証明として残るのは、シェリングによれば、この名状しがたさの経験しかない。この経験はある意味で二階の経験的規準であり、別言すれば〈無限ノ存在ニ関スル直知ニヨル知識〉(55)である。

たとえどのような経験を私たちがなしうるとしても、私たちが経験的存在者として存在している以上、〈私たちが経験する〉ということは〈そもそも或るものがある〉という〈未規定な存在の前提〉を含意している。このもの、〈何か或るもの〉は〈あれやこれやのもの〉として存在しているのではなく、〈マサニソウデアルカラコソ〉純粋な外化として、第一の出来事として存在しているのである。

したがって回顧すると、私たちの実験の手順は次のようになる。

（i）私たちは原子文を分裂させる。

（ii）私たちはふたつの素粒子、代名詞的な〈何か或るもの〉と述語的な〈何〉を特定する。

（iii）私たちは両者の融合のための条件を確立する。この融合によって述語的構造Φxが樹立される。最後に、

（iv）私たちは〈この構造がある〉ということを証明しなければならなかった。ここで私たちは、〈実際に何か或るものがある〉という非命題的経験に頼らなければ、何ごとも達成できなかった。

そういうわけでシェリングも次のように論じている。それによると《あらゆる特殊な可能性のたんなる素材》が存在すべきならば、「この素材がそれについて語られる」或るものがさらに存在しなければならない。「この或るものはまたしてもたんなる可能性ではありえないだろう。それは本性上、現実性でなければならず、それゆえまた個別的存在者でしかありえないだろう」[56]。このアリストテレス風の論証は〈あるものの下絵〉から、それ自身は〈描かれたもの〉ではなく〈純粋に描くもの〉（actus purus）である或るものへと推論する。Φxによってあらわされる可能性の〈余地〉は自分自身のための存在を獲得するのだが、実のところこの存在は可能性としてではなく、現実性としてこの

〈余地〉にすでに先んじていたわけである。この〈先んじているもの〉〈現実的であるもの〉は、シェリングによれば「理念そのものが要求する」「或るものあるいは一なるもの」である。それゆえこれは理念にとって、存在するかぎりのΦx構造にとって、代名詞的〈ある〉にとって「〈ある〉の原因(αἴτιον τοῦ εἶναι)[57]」である。

ここでのシェリングの意図は、原理的には次のようにまとめられる。すなわち、私たちが述語的素粒子の理論を、再びこの素粒子の融合が生じる地点にまで進め、それゆえΦx構造を樹立した上で、この構造について〈それは宙ぶらりんのまま存在しているのか、それとも別の仕方で存在しているのか〉と問うとする。そうすると私たちは〈ここで私たちが根本において問うているのはΦx構造をあらしめうる何かであり、この何かとは命題的〈ある〉の定立を保証する外化である〉ということを認めざるをえない。Φx構造そのものはいかなる存在(エクシステンツ)（カント）も保証しない。このΦx構造にはたんに外化するだけの何かが対応していなければならない。そのようなものこそがまさにΦx構造に先んじていたもの、この構造の〈ある〉の《原因》にほかならない。代名詞的〈ある〉のこの定立にまで立ち戻らなければ、述語的素粒子の理論——言いかえると述語づけの理論にもとづく宇宙論と形而上学の全体——は結局のところ宙ぶらりんのままである。この〈命題的〈ある〉においてたんに自己を外化するもの〉——〈定立的〈ある〉〉——については、シェリングとともにこう述べることができる。「このものはたしかに理念［命題的〈ある〉］によって規定され」ているので、それとして識別しうる。「しかしこのものは理念にもとづいているわけではなく、現実に理念からは独立しているもの（*Ding*）なのである。このものについてカントは語っているが、それに到達することはできなかった」[58]。私たちが〈命題的〈ある〉において外化するもの〉と解する、このものについてシェリングが述べているように、彼はそれをここで初めて「たんに呈示し」ようとしたのである。「同様に記念すべき自然物も、それをまだ知らなかった人に対しては最初に呈示されなければならず、そのあとでようやくその人はそれを理解……しうる[59]」のである。シェリングの分析のもつこのたんなる呈示的性格に、ここで私たちは満足し、しばし立ち止まらねばならないが、それは〈私たちがまだ正気をたもっているのか、それとも私たちを絞め殺すことになる思弁にすでに巻き込まれてしまったのか〉をたしかめるためである。だから私たちは〈シェリングの思弁を再検討する意味があるのか、それともこの思弁は根本から恣意性の嫌疑に晒されているのか〉と問わねばならない。なるほど私たちは彼の思想の全体を、それに勧められるがままに、厳密に述語づけの理論から展開し、彼のいわゆるポテンツ論を述語的存在範疇の理論として解釈しようと努めてきた。しかし〈ことがらとして見るとこれによって実際に何が得られたのか〉という問いは依然として残っている。特に私たちは最終的にひとつの外化に突きあたったのだから、なおさらそういうことになる。この外化は三つの述語的存在範疇（−A、+A、±A）を自己の内にもつとともに、これらがありうるために自己の外にももつのである。ことがらの上からみて、これが盲目の比喩のたんなる戯れでなくてなんだろうか。たしかに〈君が述語づけの理論から出発して何を展開しようと、いつか君は外化を避けられなくなる〉とも言えよう。しかし宇宙論あるいは宇宙生成論の見地からは、それは何をいわんとしているのか。議論によって中途半端に舗装された思弁的言説という道を私たちは遅くともここで立ち去るべきではないのか。のちに見るように、私たちは『諸世界時代』の再構成においても、この問いをまぬがれない。ここでは今のところこれ以上はっきりしたことは言えないが、ここであろうと後であろうと私たちはこの困難に鈍感であってはならないだろう。

シェリングは超越論的理想に関するカントの理論を詳述してきたが、あの外化をこのように呈示することによって、いまやその総括にとりかかる。これまでの歩みをふりかえってシェリングがいま一度指摘しているように、この企ての全体の始まりは〈何か或るもの〉、〈特定の存在様式をもたない代名詞的〈ある〉〉、〈純粋な自己掌握でありうる純粋な力能〉であった。したがってこの力能そのものはまったく規定されておらず混じりけのない〈ある〉のみをもち、ゆえに〈優レテ〉始原的なものである。シェリングの思考の歩みの全体を視野に入れながら、それからさらに次のようにも言われている。「かつて私は、さしあたってまだ将来にとどまる〈ある〉の可能性のこのような系列をただ比喩的にのみ、ひとつの別の――しかし私にはそう思われたし、今［それゆえ一八四七年］でもそう思われるように――完全に平行な系列においてあえて叙述しようとし、その際このような命題を立てた。あらゆる始まりは欠乏にあり、あらゆるものが縫いつけられている最深のポテンツは〈あらざるもの〉であり、〈あらざるもの〉は〈ある〉の渇望である、と」[60]。ここで私たちが下敷とした一八四七年四月二九日の講演「カントの純粋理性の理想について」においてこのように告げることによって、晩年のシェリングは『諸世界時代』に言及しているのである。ここでシェリングは『諸世界時代』を、私たちが彼の詳述から読みとったものの〈比喩的であるが完全に平行な叙述〉と呼んでいる。一八五〇年一月一七日ベルリーン学術アカデミーで行なわれた講演「永遠真理の源泉について[61]」においても、シェリングはあらためて一八四七年のこの詳述を引き合いに出し、私たちの解釈を補強している。それゆえ、〈超越論的理想に関するカントの理論に対するシェリングのかかわり〉を通して、私たちがひとつの鍵、つまり『諸世界時代』の具象的〔比喩的〕論述の構造を理解するための鍵もすでに手にしている、ということは疑いようがない。小編「サモトラケの神々について[62]」は未刊行の『諸世界時代』の付録として一八一五年に出版された。〈超越論的理想に関する講義〉においてシェリングはさりげなく一度これを参照している。このことも〈ここ〔カント論〕では『諸世界時代』のいわば遅ればせの序説が扱われている〉というテーゼの裏づけになる。この難解な作品の再構成を企てるにあたり、その準備としてこの序説〔カント論〕はふさわしいことこの上もない。私たちはいまやこの再構成の試み〔そのもの〕へ——寒気を覚えつつも——とりかかろう。

第4章　述語づけと発生——『諸世界時代』

「過去は知られ、現在は認識され、未来は予感される。

知られたことは物語られ、認識されたことは叙述され、予感されたことは予言される[1]」。

この石碑に刻まれたような命題によってシェリングは『諸世界時代』の〈導入〉の幕を開ける。この命題は読者に知、認識、予感を約束する。すべてが合わさって説明・叙述・予言された「生ける現実の存在者〔本質〕の発展[2]」になると言われている。したがって、これは伝記である。任意の存在者〔本質〕の伝記ではなく、「原初の生ける」存在者〔本質〕の伝記、それゆえ「最古の存在者」の伝記である。ただ問題は、この伝記に必要となるどのようなデータを私たちが手にしているのか、ということ、どこから私たちは最古と称する存在者〔本質〕の情報を手に入れるのか、ということである。ここでシェリングはひとつの原理を導入する。その原理は自己認識する宇宙という表象（イメージ）を後ろ盾とするものて、始原に関する知の保存則として定式化できる。宇宙を生み出したエネルギーは、宇宙が〈ソモソモノ始メカラ〉認識の経歴をつむような具合に、宇宙を生み出したので、最初に知られるものは宇宙の経歴のあらゆる産出活動に伝播するのである。シェリングが言いあらわすように「ものごとの源泉から汲みとられ、それと等しいので、人間の魂は創造の共知（Mitwissenschaft）をそなえる」[3]のである。共知はラテン語ではコンスキエンチア（*conscientia*）だが、この表現は哲学的術語としては意識をあらわす。意識が実際に共知にもとづいて説明されるなら、私たちは本質的に証人ということになる。ドイツ語の証人はギリシャ語で殉教者を意味するので、シェリングにしたがえば私たちは〈始まり〉の殉教者となる。

　この〈始まり〉は第一のものへかかわるが、この第一のものはあらゆる発展に関して第一のものである。発展と発展の〈始まり〉とは、つねになんらかの自然的なものである。しかしこの自然的なものは物理的宇宙よりもいっそう古い。したがってこの〈始まり〉は「そこから神的生命の発展も含めてあらゆるものが始まる」[4]第一のものなのである。あらゆる発展のこの第一のものに関する教説は宇宙の自然学(フィジーク)ではない。それは宇宙の自然学に先行する。つまりそれは形而上学(メタフィジーク)、より厳密にいえば、原自然学(プロトフィジーク)である。原自然学の素材はそこから神、世界、人間が生まれいずる素材である。これらの生成の発酵過程(プロセス)が『諸世界時代』の対象である。

　このように私たちが〈始まり〉に関するシェリングの比喩的言語に身をゆだねたのは、『諸世界時代』の思考の律動(リズム)にある程度親しんでおく必要があるからである。それでも私たちは、シェリングの比喩のはなつ中毒性の芳香によって麻痺しないよう努めなければならない。そうならないように『諸世界時代』第一巻の章立てのない有機的言説を私はただちに切りきざもう。そうするのは私たちの議論に必要な再構成の支柱を四隅に立てるためである。私たちは『諸世界時代』の議論の基礎から始めることにする。この基礎をシェリングがみずからひとつの〈述語づけの理論〉として導入している。この理論から私たちが手に入れるのは、代名詞的〈ある〉と述語的〈ある〉のあいだにある第一の対立である。この対立をここでシェリングは根源的否定と根源的肯定の対立としてとらえている。この対立を命題的〈ある〉によって調停しようとする試みは述語的回転の説へと通じている。この説は私には『諸世界時代』第一巻の中心的教説のひとつであるように思われる。この説によれば、命題的〈ある〉は代名詞的〈ある〉と述語的〈ある〉の対立へと再び転落し、自分自身を再建してはまたしても倒壊し、それをくりかえすのである。ひとつのものにおいて爆発しては爆縮する命題的構造――この不条理な出来事は原存在（プロトオンティッシュ）のエネルギー源として、永遠に自己自身の内で回転する車輪としてとらえられる。ここで私たちが前にしているのは、生成のエネルギーをつかまえようとする構成である。この生成エネルギーは今日においてもなお生成のあらゆる所産の根底にある。そしてそれはあらゆる命題にとって戦慄すべきものでありつづけている。シェリングの理論によれば、この次元は合理的領域のための持続する非合理的前提、あらゆる秩序の深層にひそむ発酵するカオスである。

そもそもこの次元から脱出するということがシェリングにとっても難問中の難問である。実質的にいえば、この問題を解決するとは、安定した同一性の関係の成立を説明するということにほかならない。このような同一性の成立とは時空の発生であり、要するに宇宙の発生、言いかえると真なる命題の発生である。ここまでお付き合いくださった読者ならば、このようなこまごました話ももはや、いらいらの種にはならないだろう。

第14節　『諸世界時代』の〈述語づけの理論〉的アプローチ

シェリングが主張しているのは述語づけの同一説であり、これにくらべるとはるかにありふれた内属説（実体に内属する述語の説）ではない。それによると、主語の表現があてはまるものは述語の表現があてはまるものにほかならない。

$Fa \to (\exists x)(x=a \wedge Fx)$ あるいはまた $(x)[(Fx) \to (\exists y)(Gy \wedge x=y)]$。

シェリングの言葉では「あらゆる判断、たとえば〈AはBである〉の真の意味は〈AであるものはBであるものである〉あるいは〈AであるものとBであるものとは同一である〉という意味でしかありえない[5]」。ここでシェリングの主張しているのはあきらかに、述語論理的性格をもつ《判断》理解である。次の引用においてこの点はいっそうあきらかである。「それゆえ単純な概念もすでに二重性を前提している。すなわちこの判断におけるAはAではなく、Aであるような何か＝xである。同様にBはBではなく、Bであるような何か＝xである。そしてこれら（AとBそのもの）ではなく、Aであるxと Bであるxが同一である、つまり同一のxなのである」[6]。その結果、シェリングの意味においては、Fa判断のそれぞれの要素がaとして、またFとしてそれ自体すでに判断の構造をもつ。Aはxであり、Fはxであるので、Faは〈判断の判断〉である。〈aはxであり、Fはxである〉ということから第三の判断が帰結するわけである。この第三の判断は〈判断の判断〉として推論の性格をもつ。

(1) a=x
(2) Fx

---

(3) Fa

シェリングにとってFa判断のこのような三重構造は、彼が判断を述語論理的に特徴づけることによって《おのずから》生じたものである。シェリングはこの帰結をこのように言いあらわしている。「判断における紐帯は本質的なもの、あらゆる部分の根底にあるものである。主語と述語はおのおのがそれ自体ですでに統一である。総じて紐帯と呼ばれているものは〈統一の統一〉をあらわすものにほかならない。さらに、単純な概念においてもすでに判断が前もって形成されているし、判断には推論が含まれている。それゆえ概念は折りたたまれた判断、推論は拡げられた判断にほかならない」[7]。この直後にシェリングが断言しているようにそれ自体としても——言いかえると、もっぱら論理的根拠からみても——また『諸世界時代』の実質的議論にとっても、このような判断の説明は周辺的なことがらではなく、本質的な意味がある。シェリングの注釈によれば、この事案において重要なのは「理性の高貴な術［論理学］について、待望されてやまない将来の改訂のための所見がここで語られている、ということである。なぜならば、判断の一般法則の知識が最高の学にはつねにともなうべきだからである。ところで哲学は論理学の初心者やその心得のない人のためのものではない。そうした人々には学校へ通うように勧めるべきである」[8]。したがってシェリングの言うことに不明瞭な点は微塵もない。もちろんその種の知識があれば、それだけでただちに『諸世界時代』〈ソレ自体〉がわかるようになるわけではない。しかし論理学の知識がなければ『諸世界時代』も不可解なままである。思弁にふけるとき論理学を無視しうると信じているあらゆる蒙昧主義（オブスキュランティズム）に、シェリングははっきりと決別を告げている。実際このことだけがここではさしあたり重要なのである。内容的にみると、第一巻の冒頭部においてこのような方法論的考察が行なわれるとき、それにともない代名詞的〈ある〉と述語的〈ある〉の対立が導入されている。ベルリーン学術アカデミーにおいて一八四七年と一八五〇年に行なわれたシェリングの最後期の講演を通して、私たちにはこの対立はすでにおなじみである[9]。

伝承された断片のいずれにおいても——つまり第一稿（一八一一年）においても、第二稿（一八一三年）においても——『諸世界時代』のこの基本教説に遺漏はない。判断論に関する先の詳解は第三稿（一八一四年）からの引用であるが、しかし同様に、第一稿と第二稿の双方においても、この基本教説は前もって判断論の詳解に結びつけられている。[10] したがって『諸世界時代』をめぐるシェリングの格闘はこの点に関しては揺れうごくことのないまま、死ぬまで彼の哲学の一部でありつづけた。それだけではなく、これらの断片には、計画された『諸世界時代』全三巻の体系構想を〈述語づけの理論〉に結びつけている箇所も見出される。シェリングの詳解にもとづいて私たちが確認した通り、この〈述語づけの理論〉によれば、概念、判断、推論の理論があらゆる述語づけにすでに含まれている。この企図（プロジェクト）の巨視的構造がそもそも構想されたものであり、しかもそれにふさわしく構想されているとすれば、この〈述語づけの理論〉にもとづいて『諸世界時代』全三巻は構想されている。「というのも私たちの前に過去は概念および学としてのみ見出され、そして現在は包摂と判断に属しているので、一般概念以外に、いくらあっても足りないほどの知識の広がりと深みが必要になるなら、これらに対して〔……原文欠落……〕されるからである」[11]。ここで断片は途絶している。とはいえ第三部において未来が推論と結びつけられることは推察にかたくない。中断された副文の欠落をおぎなって、たとえば〈これらに対して未来は推論に返還請求される〉とすることもできよう。こうして『諸世界時代』の全体構想の内的な構造原理を求めると、そこには伝統的論理学の一部である概念・判断・推論の理論が含まれている。『諸世界時代』第一巻への私たちのアプローチを正当化するものがこれ以外になくても、この調査結果だけですでに、〈述語づけの理論〉を手引きとして『諸世界時代』の解釈に着手する、という私たちの試みの正当性を保証するのに十分である。なぜならば、その場合には

『諸世界時代』第一巻は内的に制御されているがゆえに制御しうるような思弁となるのだから。

第15節　根源的否定と根源的肯定

〈始メニ何カガアッタ〉。世界があったが、しかしそれ以前にすでに〈何か或るもの〉があった。しかしこの世界以前の無知の霧のなかで私たちが手にしているのは、私たちの指示対象である〈絶対に未規定なもの〉でしかない。その未規定性のゆえにこの対象には、単称名辞や述語が指示するものよりも、はるかに無差別な性質しかない。分類も特徴づけもできないので、この対象は〈それがそれであるところのもの〔本質〕〉であって、それ以上でもそれ以下でもない。しかしたんにそれだけだろうか。この対象が〈それがそれであるところのもの〉であるとしても、いったいそれは何なのか。このように問うやいなや、原初の未規定性、散漫な無差別はひき裂かれる。〈何か或るものとは何か〉と私たちが問うやいなや、〈何か或るものは何か或るものである〉というように、この問いはすでにふたつのものを確立している。したがって、世界がある以前に〈何か或るもの〉であった、その〈何か或るもの〉をすでに私たちは手にしている。言いかえると、〈絶対に未規定な、それゆえ散漫な統一しかない何か或るもの〉という根源的虚構は一転、二重性へと分解したのである。すなわち、一方では、私たちが代名詞的〈ある〉と名づけた、そしてシェリングが別の場所[12]で事実的〈ある〉と呼んでいる〈何か或るもの〉へ。そして他方では、〈何か或るものがそれであるところのもの〔本質〕〉へ、つまり、私たちが述語的〈ある〉と名づけた、そしてシェリングが別の場所で事実的〈ある〉に対応させて本質的〈ある〉と呼んでいる〈何か或るもの〉へ。もちろん私たちは根源的で散漫な統一に定位したままである。しかしこの対立関係においてでなければ、私たちはあの散漫にしか統一されていない根源的な〈何カ〉を手にすることはできない。これは難なく承認しうるだろう。なぜなら、さもないと私たちにはそもそも何も残らないであろうから。

もちろん、このようにきわめて回りくどくしか言いあらわしえないことも、述語づけの同一性に関するシェリングの理論を借りれば、もっと簡単にわがものにすることができる。現にここでもシェリングによってこの理論が投入されている。この理論によると、根源的に統一されている〈何カ〉はたんにあの x でしかなく、これは a でも F でもありうる。そしてこの x を私たちはただ a と F としてのみもつことも、最終的に Fa としてもつこともできる。このことをシェリングは次のように言いあらわしている。「それゆえはじめに主張されたあの統一の真の意味は、一にして同一のもの＝ x は対立でもあり統一でもある、ということである[13]」。

実際に見たように、私たちは散漫に統一された根源的な〈何カ〉を〈何か或るものである何か或るもの〉という形態においてしかとらえられない。シェリングもただちにそれをそのように、つまり代名詞的〈ある〉と述語的〈ある〉との対立としてとらえている。そしてこの対立を解釈して、シェリングは〈代名詞的〈ある〉が意味するものは述語的〈ある〉が意味するものではない〉と述べている。すなわち、〈何か或るもの〉がさしあたり個別的なものとして、しかもそのようなものとしてのみ、もつ性質は、〈何か或るもの〉が述語を有する場合にもつ性質からは区別されうるというのである。個体としての〈何か或るもの〉はさしあたりたんなる〈即自〉、肯定性そのもの、性質のない事象性である。言いかえると〈何か或るものを個体として特徴づけること〉は、さしあたってたんに〈なんらかの述語的規定を否定すること〉でしかないのである。そのかぎりにおいてシェリングは代名詞的〈ある〉のことを根源的否定とも呼んでいる。これと向い合っているのが述語的〈ある〉である。しかし純粋にそれ自体で考察されるならば、述語的〈ある〉はたんなる〈対他〉、支えるもののない純粋な性質性、そのかぎりにおいて否定性そのものである。述語的〈ある〉のことをシェリングは根源的肯定と呼んでいる。もちろんふたつの契機はたがいにたがいを求めあう。つまり、どこまでもたがいに区別されうるにもかかわらず、ふたつの契機はついには判断を形成することによって最終的な結合を果たすのである。私たちが世界以前に何を探し求めようと、このものこそがあの原初の〈何カ〉である。つまり、私たちはこの最終的結合において生成した第一のものとしてでなければ、原初の〈何カ〉に近づきえないのである。なぜならば「永遠に否定するポテンツと永遠に肯定するポテンツというふたつの対立項と両者の統一とが唯一の不可分な根源的存在者を形作る」[14]からである。根源的否定と根源的肯定によって形作られる、この基礎的な二元性において私たちがただちにとらえうるのは散漫な〈何カ〉でしかない。そこでこのような二元性にシェリングはさまざまな解説を加えている。[15]代名詞的〈ある〉はこの〈何カ〉の《あること》、《自性》、《分離》である。述語的〈ある〉は《愛》、《自性の無》、《あらゆる本質の本質》であり、《それだけでは支えがなく》、《何によっても担われていない》のである。《自己性、我性の永遠なる力》として代名詞的〈ある〉はさしあたり述語的〈ある〉の《根底となる》のでなければならない。述語的〈ある〉は《湧きでる、拡散する、自己を与える本質》であり、総じて《本質》である。代名詞的〈ある〉は《自己性の――、自己への還帰の――、自己の内にあることの――永遠なる力》であり、なかんずく《力》である。

シェリングによれば、重要なのはこの対立そのものだけではない。なかでも《対立項の根源性》が認識されることが肝要である。すなわち、その根源性のゆえに、この対立項がどちらからか導きだされたり、どちらか一方へ還元されたりすることはありえないのである。シェリングの認めるところでは、おそらく人間は《肯定するものを自然に偏愛する》けれども、《否定するものは嫌悪する》だろう。すなわち「世界のあらゆるものが純然たる柔和や善意から成りたっているのをほとんどの人はなにより自然なことと見なすだろう。しかし彼らはそれとは反対であることにただちに気づくのである[16]」。

古代の神話は始原的なものと私たちの共知をはるかにありのままに描写することができた。そこでは、あの対立は光と闇の、男性的なものと女性的なものの対立として語られている。これに対して時はすぎ、《あの根源感情とはますます疎遠になった時代》になると、とりわけ〈述語的なものをいっさい受けつけない否定する力〉を除去することが目論まれる。そういう風にしてたびたびこの対立の還元と抹消が試みられた。こうして「不可解なものをことごとく悟性に、あるいは（ライプニッツのように）表象に解消する[17]」ことが企てられたのである。それどころか「観念論は私たちの時代の一般的体系であり、そもそもこの体系はあの否定する根源力の否認や無視において成りたっている」のである。[18]

観念論に対するこのような姿勢をシェリングは彼の後期哲学まで貫くだろう。彼は観念論を消極哲学としてとらえるだろう。言いかえると、観念論は述語的〈ある〉の理論であるが、この理論は存在の〈概念のない積極性〉を自己の外部にもつ、あるいは前提するのである。消極哲学は〈代名詞的〈ある〉の理論〉である積極哲学によって初めて修正され、補足され、完成される。このような修正、補足、完成を欠くわけにはいかないのが消極哲学なのである。さらに、『諸世界時代』以後の彼の後期哲学において、どういうわけでシェリングが『神話の哲学』を展開したのかということも、このような視圏（パースペクティブ）からみるとわかってくるだろう。すでに耳にしたように、のちの時代よりも神話はあの対立の根源感情に本質的に近しいのである。だからこのような鑑定結果を顧慮して神話を明晰にし、〈根源存在者に関する太古の知〉の痕跡に多くを物語らせるのは、筋ちがいの企てなどではありえない。このような目標設定をもつ企図にシェリングが最初に着手したのが、『諸世界時代』の付録として出版された小編「サモトラケの神々について」（一八一五年）である。（そういう意味で『諸世界時代』をめぐってシェリングがすでに案出していたもので、いわゆる後期哲学のなかに含まれていないものは何もない）。しかし『諸世界時代』そのものにおいてもシェリングは、既述の〈否定する力〉と〈肯定する力〉の対立に関する太古の知が真であるということを確証するために、〈神話的なもの〉を参照するように指示している。ふたつの力は「ペルシャの教説におけるふたつの根源存在者に等しい。そのひとつはこの存在者〔本質〕を閉じようと、暗くしようとする力、もうひとつはこの存在者を開こうと、明るくしようとする力であるが、このふたつはひとつの神性としてではなくふたつの神性としてふるまう」のである。[19] もっとも、シェリングの理論では、同一のものの根源的な二元性だけが問題になっているにもかかわらず、あたかも根源的な二元論が話題となっているかのような印象をここで与えないように、シェリングはただちにこう付言している。「しかしその際なおも同一なもの＝ｘがふたつの原理（ＡとＢ）なのである。ただしこれはたんに概念の面からだけでなく、現実に、行為の面からも、そう言われているのである。それゆえ、〈両者の統一である同一のもの＝ｘ〉はその上〈両者の統一の統一〉でもあるのでなければならない。こうして高次の対立にともなって高次の統一が見出される」[20] のである。すでに私たちには周知のように、ここで高次の統一と言われているのはくだんの命題形式の結合である。代名詞的〈ある〉と述語的〈ある〉とは命題的〈ある〉によってそのような結合に入るのである。もっとも私たちの論述はここではまだそこ〔命題的〈ある〉〕まで達していない。

　言うまでもなく決定的問いは、なぜそもそも根源的統一と根源的肯定とのあの対立と矛盾が生じ来たるのか、ということである。どこにも角や稜のない、いかなる区別もない、しかしあらゆるものがある――そのような至福の無差別の内に、あの根源的で散漫な統一は、あの絶対に無差別な〈何か或るもの〉は閉じこもったままでいることが、どうしてできなかったのだろうか。この問いをシェリングは回避しない。「統一から矛盾への移行はじつに不可解だ。というのも、自己の内でひとつであるもの、まったきもの、完璧であるものが、このような平和の外へと歩みでるように試されたり、魅惑されたり、誘われたりすることなどが、そもそもありえようか。これに対し矛盾から統一への移行はごく自然である」[21]。要するに、その動機がありえないのだから無差別が根源的統一の外へと歩みでるのは理解できないが、対立によって失われた統一を回復することには十分な動機がありうるのである。

　動機がありえないのに生じるものは盲目的に生じる。しかしなぜなのだろうか。内的に無差別な〈何カ〉の散漫な統一は、あらゆるものを自己の内に含んでいる。何も存在していないが、存在していないのでもない。ここには矛盾としての矛盾はまだない。だからあらゆる矛盾があるが、矛盾する力を欠いている。要するに、根源的な〈何カ〉には主張しない〈ある〉しかないのである。それゆえまたこの〈何カ〉には同一性以前の統一という特性しかない。つまり、それはxであるけれども、そのようなものとしてx=xでありながら同時にx≠xでもあるというわけである。このあらゆるものにおいて自己を所有するものは、同時にあらゆるものにおいて自己を喪失するものでもある。〔つまり〕決断がなされること自体にはいかなる意味もありえないからこそ、突発的な決断に敏感に反応するような、一種の爆発性の混合物こそが、この〈何カ〉なのである。そういうわけで、散漫な〈何か或るもの〉という第一のものの統一が裂開するにしても、このビッグバンは「必然性と不可能性とのひしめき合いのなかにありながら、盲目的に統一を打ち破る暴力によってしか生じえない」のである[22]。なるほどこれは説明とは言えない。だが少なくとも立てられた問いに対する思弁的な態度表明ではある。〔もっとも〕このような問いに説明という箇にして要をえた仕方で答えることはできない。なぜならば、その種の説明は法則が前提されていることや、周辺条件が満たされていることを拠り所とせざるをえないのに、世界以前のこの無知の霧のなかでそのようなものを話題にすることなどできるはずもないからである。

しかしひとたびビッグバンが起きたなら、ただちに〈〈ある〉の盲目的エネルギー〉が、それとひとつに〈規定されてあるというエネルギー〉が、最後に両者の統合である〈規定されたものであるというエネルギー〉が解きはなたれるだろう。三つのエネルギーはみな強情をはってたがいに反発しあい、たがいに他のものがないかのようにふるまっている。〈何か或るもの〉、つまりxは排他的であろうとする。(∃x)(...x...)。〈何かでありうるもの〉、つまりFは排他的になんらかのF、それゆえΦであろうとする。最後に、〈何か或るものが何かでありうる〉ということ、つまりFaは排他的にΦxであろうとする。このような比喩的な定式がことがらの面からみて有意味であるためには、四つの前提が満たされている必要がある。第一に、〈或るものが存在する〉という事態が意味しているのは〈述語がある〉ということではなく、〈述語があてはまる何か或るものがある〉ということである。第二に、この事態が意味しているのは〈存在は述語があてはまるものの性質である〉ということではなく、〈存在は述語が空（から）ではないという述語の性質である〉ということである。第三に、この事態が意味しているのは〈述語とものだけで十分である〉ということではなく、〈命題がなければならない〉ということである。(∃x)(Fx∧x=a)。第四に、この事態が意味しているのは——あとになって初めてわかるだろうが――〈命題だけでも十分ではない〉ということである。というのも、たしかに命題は私たちに〈ある〉の意味（ジン）を保証するが、しかしその意味は規準とはなるものの、定義ではないからである。すなわち、定義を述べるならば、存在とは宇宙の性質なのである。

　このことをシェリングは次のように表現している。「統一［命題的〈ある〉］が〈あるもの〉ならば、対立は、言いかえると、対立項のおのおの［代名詞的〈ある〉と述語的〈ある〉］は〈あらざるもの〉であるほかはない。逆にまた、対立項のおのおのと、それゆえ対立［代名詞的〈ある〉と述語的〈ある〉との対立］とが〈あるもの〉ならば、統一［命題的〈ある〉］は〈あらざるもの〉へと退くほかはない」(23)。ところで各契機が「〈あるもの〉であるという同じ要求をもつ」(24)のだから、私たちはひとつの契約形態を必要とする。この契約を結ぶにあたって顧慮しなければならないのは、このような〈ある〉ことへの要求という症候群（シンドローム）において唯一の問題は始めることだけだ、ということである。それゆえ、葛藤状態にあるエネルギーを包みこむような始まりの定式が示されねばならない。一般的にいって、始めるにあたり必要なのは**開始**ポテンシャル、**継続**ポテンシャル、**構造**ポテンシャルである。これらのポテンシャルをシェリングは〈ポテンツ〉と言いあらわしている。べき乗の計算という数学的含意があることも、きちんと理由をあげて仄めかされている。しかし当面は、このラテン語の表現をギリシャ語の δύναμις に由来するものとして聞きとり、理解することが、少なくともここでの目的には適っている。それゆえここで問題となっているのは、始まりのポテンシャルに関する理論、すなわち**原力動**論（*Protodynamik*）である。

このような教説へ〔読者を〕招きいれる際の難しさを軽減するには、始まりの具体例を手がかりにするのが最善である。それは〈線をひく〉という事例である。ここで開始ポテンシャルを視覚的にあらわしているのは、たとえば黒板の上にチョークをのせることである。それゆえことがらの面からいえば、始まりの点はもちろん実際につけられたチョークの跡ではなく、この跡をいわば《聖痕とする》幾何学的点である。この例においては、この幾何学的点は私たちが探求している始まりのポテンシャルを象徴し、この幾何学的点の性質が一般に始まりのポテンシャルを特徴づけるものと見なされる。というのも、あらゆる始まりはひとつの〈起点〉(*terminus a quo*) だからである。何はさておきここで本質的なのは、幾何学的意味における点は延長を欠くということである。したがって開始ポテンシャルは一般に、否定的にふるまうような或るものの内にある。つまり、この或るもの〔a〕によって開始しうるようになるもの〔b〕があるとして、そのもの〔b〕に対してこの或るもの〔a〕は否定的にふるまうのである。このような事態をシェリングも同じ例を用いて説明している。「線の始まりは、それ自身が延長を欠いているからではなく、あらゆる延長を否定しているがゆえに幾何学的点である[25]」。

線の始まりがすでに線であるというのではない。始まりにおいてはなるほど〈線があるべきだ〉ということはある。しかし始まりにおいては、線はまだあるのではなく、ただ求められているにすぎない。始まりにおいて求められているものはまだあるのではない。始まりそのものが過ぎ去り、いわば地下にもぐるときになって初めて、それはある。このような複雑な状況も運動の例を用いるならば納得しうるようになる。たとえば、競走が始まる前に走者が力を体内へ集中させるとき、そこには運動そのものの否定がある。しかしこのような筋肉組織の収縮において運動そのものも準備されているのである。開始孔から走者が走りだせば、これによって運動の原初的否定は克服される。あるいはシェリングの言葉を借りていえば「運動の始点（〈起点〉）は何も行なわれていない空っぽの始点ではなく、運動の否定であり、現実に生じつつある運動は、この否定の克服なのである。否定されなかったら、運動は明示的に定立されることもありえなかった。だから否定はあらゆる運動に必然的に先行するもの（prius）である[26]」。このように開始ポテンシャルは、開始収縮という固有の特性をもつ。この収縮によって第一のポテンシャルとしての始まりが準備されるわけだが、しかもこの準備は、その始まりであるもの〔運動〕を否定することによって行なわれている。さていまや私たちはこの固有の特性〔開始収縮〕を、存在の始まりという状況に投射しなければならない。そうすると、存在の始まりは存在し始めるものの否定である。〈何か或るもの〉があろうとし始めるならば、それはこの〈何か或るもの〉が将来それがなるだろうものではないからである。「否定の内にのみ始まりはある[27]」。「したがって否定はつねに無から或るものへの第一の移行である[28]」。

この状況はわかりにくいが、直観は単純である。その直観によれば、開始ポテンシャルは〈何か或るもの〉を〈何かでありうるもの〉と対立させながら〈ある〉ようにするのである。このような性格描写において、代名詞的〈ある〉はたんにいっそう詳しく規定されることによって、始原的〈ある〉、純粋な即自的〈ある〉、永遠の否定などとしてあらわれる。このうち永遠の否定の意味を噛みくだいていえば、開始ポテンシャルからはただちに〈絶対単数〉が噴出される、ということになる。〈絶対単数〉とは、〈社会化するものが何も見出されず、どのような述語的なものによってもつかまえられない何か或るもの〉のことである。端的に個的なものはあらゆる述語的規定をのがれ去り、あるいは否定する。だから端的に個的なものはあらゆる言明に先立つものでもある。〈個体ハ把握サレエナイ〉。

しかし同様にあきらかであるのは、〈単称的なもの〉の、〈それ自体として見られた〈ある〉〉の先鋭化がこのように極まるやいなや、〈これに対立する自立的なもの〉として〈述語的なものの全領域〉が出現し、目に見えるようになる、ということである。もっとも述語的なものに対しても〈始まりを成すように〉という指令はあいかわらず有効である。言いかえるならば、述語的なものが実際そこにおいてのみ支えを見出しうるような個的なものが調達されていなければならないのである。シェリングが見事に述べているように、「みずからが仕事にいそしんでいることを示し、〈ないもの〉ではないことを表明するには、否定するポテンツに頼らざるをえない。かりにもし否定がなかったら、無力な肯定があるだけだろう。非我なしには自我はなく、そのかぎりにおいて非我は自我に先立つ」のである。[29] ここでは自我、肯定、〈あるもの〉は述語的〈ある〉を、つまり言明することをあらわしている。言明するためには言明されるものがなければならない。それと同じく、それについて述語が肯定されたり否定されたりするものがなければ、述語の意味は支えを失うのである。なるほど個体との関係でみると、述語は自立しており、純粋に個体であるかぎりの個体からは説明できない。それにもかかわらず述語は述語だけでは《満ち足りておらず》、具体例として個体を必要としているのである。始まりとの関係でいえば、述語的〈ある〉以降、私たちの原力動論は始まりの継続ポテンシャルにかかわっている。述語による肯定がなければ、始まりは即死するだろう。それゆえ厳密にいえば、述語による肯定がなければ、始まりは或るものの始まりにまでこぎつけることができず、〈ある〉のたんなる稲光にとどまるだろう。こうして述語的〈ある〉は始まりの継続ポテンシャルである。そのようなものとして述語的〈ある〉は〈何か或るもの〉が或るものとして顕現しうるための条件である。だからこそ述語的〈ある〉は〈ある〉が顕現するための、明るくなるための条件でもある。〔だが〕そのためにも述語的〈ある〉に代名詞的〈ある〉は服従しなければならない。つまり、たんに個的なものであるにすぎない代名詞的〈ある〉は述語によって《覆われ》なければならない。そのかぎりにおいて、たんなる個的なものである代名詞的〈ある〉はそのようなものとしては否定されざるをえない。この相互否定において代名詞的〈ある〉と述語的〈ある〉とはそれ自体としては敵対関係にあるので、隙さえあれば滅ぼそうとたがいにたがいを虎視眈々と狙っている。「なぜならばおのおのがただ反転のみを必要としているからである。つまり隠れたものは顕わに、顕わなものは隠されることによって一方が他方へと変ずること、いわば変身することが求められている[30]」。

始まりの開始ポテンシャルと継続ポテンシャルとのあいだのこのような敵対関係は、それ自体としては取り除くことができない。言いかえると、原力動論においてこの敵対関係は結局のところ〈講和条約の締結〉という仕方でしか調停されえないのである。したがってこの敵対関係は始まりの構造ポテンシャルによって内的な協和へともたらされることになる。

実際、始まりにとっては、〈何か或るもの〉があり、この〈何か或るもの〉が〈何か或るもの〉として継続する、ということだけでは十分でない。むしろ、〈何か或るもの〉が〈何か或るものである何か或るもの〉として保持されたままであること、ひとつの形態を見出すということも配慮されていなければならない。それゆえ、始まりのこの構造ポテンシャルは開始と継続にはなんら興味をもっていない。開始と継続は保持されたままで、ひとつの形態を受け取らねばならないのである。しかしそのためには、まずは代名詞的〈ある〉と述語的〈ある〉がたがいを拘束しあいながら命題的〈ある〉を準備しなければならない。その上でこの相互拘束は Fa ということ、〈何か或るものがなんらかの性質をそなえる〉ということによって確立されるのである。このようにして代名詞的〈ある〉と述語的〈ある〉の敵対関係は乗り越えられて、第三のポテンツとして命題的〈ある〉という散逸的な講和構造が構築される。「根源的否定が永遠の始まりであるように、この第三のものは永遠の終わりである。第一のポテンツから第三のポテンツへと至るとどまることを知らない進展、必然的連鎖がある。この第一のポテンツが定立されると、必然的に第二のポテンツも定立され、この両者は同じく必然的に第三のポテンツを生み出す。こうして目標が達せられる。これよりも高次のものがこれと同一の進行によって生み出されることはありえない[31]」。

ところで、私たちの始まりとの関係でいえば、その終わりに私たちはいるのだ、と考えられるかもしれない。私たちは私たちの原力動論を彫琢した。この彫琢を通して、開始ポテンシャルと継続ポテンシャルという根源的エネルギーの敵対関係は構造ポテンシャルにおいて協和へともたらされた。これによって〈何か或るもの〉がその述語的規定と協和している原事態とでも呼べるものが生み出された。このようにして個的なものと述語的なものは統一されて、判断をくだしうるための構造が生み出された。このような状況へ私たちは秩序をもたらしたことになるのかもしれない。しかしこの秩序にどれほどの安定性があるのだろう。忘れてはならないことがある。私たちの原力動論においてもともと問題にしていたのは、始原的なもののエネルギーポテンシャルでしかないということ、つまり現実に存在する何かではないということである。こうして〈私たちのうるわしい秩序は三つの可能性の内的秩序にすぎない〉ということがあきらかになる。三つの可能性の固有性にもとづいて構築されているので、この内的秩序はある程度の必然性はそなえている。とはいうものの、それは三つの可能性の秩序のひとつでしかない。というのも、依然として三つの可能性のおのおのは〈あわよくば自分だけが基礎的現実でありたい〉という要求を等しく抱えているからである。この要求を前にするとき、実現された秩序は無力となる。この秩序を維持するための力は消えうせる。個的なものが〈基礎にあるもの〉ならばどうなるのだろう。そして述語的なものが、あるいは命題的なものが〈基礎にあるもの〉ならばどうなるのだろう。

おのおのがこうした要求を掲げることができる以上、もはや私たちの述語的構造は再びばらばらになる。「頂上に達すると、おのずから運動は振り出しにもどる。というのも〈あるものである〉という権利を三者のひとつひとつが平等にもっているからである。あの区別は本質の区別でしかない。そこから生まれた従属にしても同じことだ。この種の区別は〈あるものである〉ということに関する重さの釣り合いを、あるいはより簡潔に表現すれば〈存在の平等〉を無効にすることはできない[32]」のである。述語的構造のこのような崩壊は簡単には理解できない。この崩壊の意味をあきらかにするには、私たちは次のようなことに留意しなければならない。すなわち、エレア派風の静止する〈ある〉を要請しないなら、運動の問題を抱えることになるだろうが、しかしそうなっても驚かないと覚悟をきめよう。そうすると始原的なもののどのような構造によっても私たちは〈ある〉の生成、存在の発生（オントゲネーゼ）を制止できないし、それどころかそうすべきでない、ということである。シェリング自身の証言にもあるように、生成という現象を考慮する必要がある以上、述語的構造の崩壊が原力動論の終止符となるのは避けがたい。この述語的構造を一挙に完成させる人、言いかえると、瞬間的に凝固する上部構造によって地下の根源的否定を〈無造作ニ〉《覆いかくす》人は、それによって世界過程（プロセス）も静止させたであろう。「克服すべきものを現実に克服したものとして定立することから、ある人を始めさせることにしよう。そうするとその人にこれ以上の何があるだろう。その人は始まるやいなや完成している。すべてが生じたのだ。これ以上の進行はない[33]」。

　こういうわけで生成の可能性を原力動論へともに組み入れようとするならば、述語的構造のたえまない構築と再倒壊とを覚悟しなければならない。いっそう正確にいえば、述語的構造はまだ安定していないのである。安定性の問題があいだにあって述語的構造の実現をさまたげている。別の言い方では、この構造が存立するかしないかは〈ある〉のきまぐれな運命にかかっている。それはちょうど天気の観察命題の真理値のようなものである。それゆえ私たちが構造として獲得したものを状況的なものから分離しようとしても、それはまだ不可能なのである。

第16節　述語的回転

私たちが到達したのは、現実的始まりというみずからの目標を実現しない可能的始まりである。これはどのように理解したらよいのだろう。始まりに関する私たちの幾何学的比喩へ、線へと戻ろう。ここには現実的始まりが、つまりそれによって線が引き始められる点がないだろうか。なんらかの点から始める用意が私たちにできてさえいれば、そのかぎりにおいて実際に現実的始まりが問題となっている。ところがなんらかの点から始めるとは、可能的始まりを作るということである。鉛筆の先端によって《選ばれた》、言いかえると、限定された点はそれ自体としては何も指示していない。つまり、それは〈何か或る点〉を象徴している。だからこれまで私たちが考察してきたのは〈始まりの例〉にすぎない。安定した〈始まりの変数〉を獲得するならば、そのとき初めて私たちは現実的始まりを手に入れたことになろう。ここで次のような反論がなされるかもしれない。すなわち、そもそも〈始まりの例〉について語りうるなら、実際のところ〈始まりの変数〉へのかかわりがすでに含意されているのではないか、と。さらに、私たちはこれまで始まりの過程（プロセス）をまさに一般的なそれとして分析してきたのだから、根本的にはすでに〈始まりの変数〉を分析してきたのではないか、と。それはその通りだと私は思う。私たちに足りないのは、これまでの分析をこのような視圏（パースペクティブ）へと向けてはっきり特徴づける、ということだけである。しかしそれは時期尚早である。事実私たちの手もとにはさしあたり〈始まりの例〉しかない。その上で〈生成の過程（プロセス）を考慮に入れようとする〉ということがいったい何を意味するのだろうか。そのことを私たちはいっそう厳密に問うてみなければならないのである。

ここまで私たちは、そこにおいて〈何か或るもの〉が一般に〈かくかくしかじかのもの〉になる過程（プロセス）だけを分析してきた。この分析が示唆していたように、これにともない〈何か或るもの〉は《完成》し、その伝記は完結した。したがって、もし私たちが世界過程（プロセス）を停止させてしまえば、それ以上何の動きもなく、生成も理解されないままになる。もし私たちが私たちの分析を発生的観点へと開かれたままにしたければ、私たちは世界過程（プロセス）を継続させることによって〈何か或るもの〉の伝記を書き進めなければならない。しかし私たちはこれをどうやって行なうべきなのか。

私たちは代名詞的〈ある〉から出発し、それと述語的〈ある〉との対立を見えやすいものにし、両者を命題的〈ある〉によって《和解》させた。これ以外のエネルギーポテンシャルを私たちは自由に用いることはできない。それゆえ、私たちのエネルギー資源が尽きた以上、どうやってこの過程（プロセス）を継続させうるのか。ここで私たちにはほかの選択肢は残っていない。すなわち、継続は反復として起こらざるをえないのである。たとえ以前にどのようなものだったとしても、〈何か或るもの〉は再び別の〈何か或るもの〉になるしかない。別のものになるもの「今の〈何か或るもの〉」はまたもや、それがすでにそうだったもの〔昔の〈何か或るもの〉〕のもうひとつの例でしかない。私たちの伝記がこのような仕方でくりかえされるなら、〈始まりの新しい例〉が得られるが、これも古い流儀にもとづいている。つまり私たちが生成を考慮に入れることができるのは、これまで分析された過程（プロセス）の反復という様式においてなのである。しかも、これ以外の可能性は私たちの役には立たないと付言せざるをえない。このことが含意しているように、反復モデルは〈狂わせるもの〉をそなえた避けられなさの象徴である。生成の反復構造を次のようなものとしてとらえることによって、シェリングはこのような観点を考慮に入れている。つまり《一種の円》として、《休みなき駆り立て》として、《回り続ける車輪》として、『ヤコブの手紙（三・六）』の《ὁ τροχὸς τῆς γενέσεως》(34)〔生成の車輪〕として。

生成の過程（プロセス）がその振り出しに戻るということが生成の反復構造である。この構造が象徴している通り、私たちがここでかかわっているのは〈現実の始まり〉ではなく、つねに〈たえず刷新される可能的始まり〉を記録しつづける〈始まりの例〉でしかない。「なるほどそれはポテンツの始まりである。そのかぎりにおいて可能性の面からみれば〈始まりでありうるかもしれない或るもの〉である。しかし現実の始まりではない(35)」。根本的にみれば、この反復を通して、つまり「この円運動を通して始まりと終わりの概念は再び(36)」廃棄される。シェリングによれば、この構成によって私たちは《第一の自然に関する完全な概念》を手に入れる。「あの盲目の〈第一の生命〉はいわば〈みずからの始まりも終わりも見出しえないもの〉である。このような観点からは〈それは（真の）始まりも（真の）終わりもなしにある〉と言いうる(37)」。

この空転する過程（プロセス）は宇宙エネルギーの脈動、宇宙の心臓の鼓動である。あらゆる生成消滅の内にその鼓動が聞こえるが、しかしたんに〈聞こえる〉というだけである。というのも、いまや〈うつろいゆくもの〉は比較的安定しているからである。この安定性は同時に証言、つまり、あの空転するものになんらかの仕方で《ブレーキをかける》ことができて初めて空間・時間的な〈ある〉が可能になった、ということの証言でもある。したがって宇宙の〈根源的に空転するもの〉は宇宙の内密（Heimliches）である。しかしこの宇宙の内密は私たちにとって〈不気味なもの（Unheimliches）〉である。それは過去の泉の深淵にひそむ、かの〈世界の秘密〉であるが、私たちはそのようなものをできることなら遠慮したいと思うだろう。宇宙の〈根源的に空転するもの〉は「たえず自己自身を生んでは再び食らい尽くす内的生命の力である。たとえ今は覆いをかけられて、外見上は穏やかな性質をまとっているにしても、この生命があらゆるものの内に隠されていることを予感するとき、恐怖に襲われない人はいない」(38)。〈あるもの〉のこの回転は、宇宙の根源的不整合〔支離滅裂〕の、《思考の深淵》の、言いあらわしえないものの、「永遠に満たされない〈ある〉への渇望」(39)の象徴である。ここに『諸世界時代』の第一稿を改訂する過程（プロセス）で生じた草稿がある。そこでシェリングは、この宇宙の根源的不整合に気づいたときの驚愕をありありと描写している。「稲妻が光る。暴風雨（あらし）は空と地を今にもまぜ合わせそうだ。あらゆる元素がいましめを解かれて荒れ狂う。大地の屋台骨がふるえる。おそろしい反乱が人の社会に勃発する。古い信頼と友情が失われる。戦慄すべき事件がつぎつぎに起こる。あらゆる絆がほどける。このとき、人はあの状態が今もなおそこにあると感じる。まるで魂を戦慄させる丑三つ時でもあるかのように、あの状態は私たちに不気味なものとして迫ってくる」(40)。

舞台装置が印象深く整えられているのはうたがいない。しかし不整合の経験をあきらかにするために私たちはただひとつのことだけを求める。つまり、述語づけがそれに対するひとつの答えであるような基本的な問いに穴をあけることだけを求める。その結果、この問いとともにすでに定められている決まりごとは脆くも崩れおちる。そうして〈それを前にしては感官、悟性、理性が無力であるようなもの〉への展望が開かれる。述語づけがそれに対するひとつの答えであるような基本的問いとは《これは何か》という単純な問いである。〈qu'est-ce que c'est?〉とフランス語にするといっそう明瞭になる。つまりその問いは〈これがそれであるところもの、それは何か〉となる。この問いの次元はひとつの前提によって《制限されて》いる。〈たとえそれがどのようなものであろうと、それはまさにそれがそれであるところのものである〉というのが、その前提である。この制限の内部でのみ《これは何か》という問いには意味がある。問いの次元に加えられている、この制限をあきらかにしたければ、次のようにも定式化しうる。〈たとえそれがどのようなものであろうと、それはまさにそれがもしかするとそれであるかもしれないところのものである〉と。あるいはいっそう精密に〈たとえそれがどのようなものであろうと、それはまさにそれがそれでないところのものである〉と。言いかえると、F'sであるかぎりF'sでないものも、私たちは考慮に入れなければならないだろう、ということになる。$(x)(Fx \rightarrow \overline{F}x)$、もしくはこれと等値であるが$(\overline{\exists} x)(Fx)$。因みにこの図式はすでに論理的根拠からしてもつねに誤りというわけではなく、Fxが偽である場合には真である。しかし問いかけている以上、私たちはｘがＦであるかどうかを知らないのだから、この問いそのものは宇宙がそのような構造をもつ可能性を排除しない。もっともその際、私たちはこの宇宙に関して真である答えは得られない。要するに、〈問いかける〉ことによって私たちは、真である答えがない世界を視野に入れることができるのである。そのような世界は弱い意味で不整合である。つまり偽である答えにとっては整合的であるが、真であるあらゆる答えにとっては不整合である。そのような世界については情報量のある真なる命題は成立しえないのだから、認識の面からいえばこの上もなくわずかの実りしかない。それにもかかわらず、たんに論理的根拠のみにもとづいても、すでにそのような世界は不可能ではない。もっぱら論理的根拠にもとづくかぎり、そのような宇宙があるということは排除されない。もちろんその宇宙が私たちの宇宙であるなら、私たちは世界についての知識をもたないだろう。しかしそのようなものを私たちはもっているのだろうか。まさに私たちの時代の科学哲学によって〈決定的な意味において真であるような知はそもそもないのだ〉ということを私たちは学んだのではなかったか。認識に関していえば、実のところ私たちは無力なのではないか。そしてこの無力は、世界の構造が認識能力と相容れないことに、もっぱら由来しているのではないか。《これは何か》と問うとき、私たちは〈ものはまさにそれがそれであるところのものである〉かのようにふるまっているのなら、それだけでもう私たちの認識要求は不正に入手されたものではないのか。そして私たちがこの要求を世界に対して不正に入手したのなら、それを私たちは私たち自身に対しても不正に入手したのではないのか。私たちとは誰なのか。私とは誰なのか。ひょっとすると私たちはやはり〈私たちがそれであないか、私は〈私がそれであるところのもの〉ではないのではないか。このような問いとともに世界は私たちの手からすべりおちる。ちょうど、ホフマンスタールの詩に登場する世界の秘密をとらえた例の男が自分自身の手からすべりおちたように。

深い泉はそれを知っている
泉に身をこごめ　一人の男がその意味をとらえた
とらえてすぐまた　なくしてしまった
そしてあらぬことを口走り　歌をうたった――

認識上のニヒリズムにもとづくかぎり、この帰結を受け入れることだけが、唯一のすすめとして私たちに残っているように思われる。(41) だがそうする前に私たちは正気を取り戻し、あの心の強さを結集する。『諸世界時代』の冒頭でシェリングがともに思索する読者に求めている、あの無くてはならない心の強さである。「かならずしもすべての人が結末を知るわけではない。生命の始まりを見る人はわずかである。いっそうわずかなのは、最初から最後までものごとの全体を考えぬく人である。内的衝動ではなく模倣によってそのような研究に導かれる人にとって意味の混乱はさけがたい宿命である。というのも、始まりから終わりまで運動の連関を維持するには、強靭な魂が必要だからである」[42]。

なるほど論理的には可能であるが、しかし偽なる命題とのみ論理的に相容れ、真なる命題とは相容れないという、そのような宇宙を私たちは思い描いた。もしこの構想にいっそう深い意味があるとすれば、それはそもそも次のような意味でしかないだろう。すなわち、シェリングとともに、そして私たちの再構成の枠組みのなかで、私たちは宇宙の最初の状態を回転する《〈現にある〉への衝迫》として、《交代する定立[43]》として思い描かざるをえない、という意味である。これまでのところ私たちが示したのは、始まりは具体的にどのように考えられうるのか、ということだった。このことは、Fx型の述語づけの構造を構築することによって果たされた。しかしこの構造の各要素は〈ある〉への権利を平等にもっているので、そもそも私たちが生成を正当に評価しうるなら、この構造は否定される。つまり、$\bar{F}x$。同様に世界構造に関する私たちの公式であらわせば、$(x)\ (Fx \rightarrow \bar{F}x)$。そこで私たちはxとともに振り出しに戻り、xがなりうるFあるいはGを探し求めるのである。このように述語づけの手つづきが堂々めぐりをしながらくりかえされ、確固たるものがいまだ得られないとすると、何かが生まれようとしながらも、それが何かはわからないまま、確固たる差異をことごとく飲みこんで空転する盲目的な生成だけがあとに残される。このような不愉快な環境に接近する手立てとしては、問題となっている述語づけの創造的エネルギーへ立ちかえり、その自問自答を書きとめるのもいいだろう。その記録には述語づけの探求はたとえば次のように書きしるされる。〈いったいこれは何だろう。動物のようにも見えるが、動物ではない。それは……。どこか植物のようなところがあるが、いやそれも違う。そもそもそこにあるのは奇妙な性質ばかりだ、ああ機械なのか、いやそれとも怪物だろうか（問題となっているのは本当は……である）〉。

一般にいえるのは、宇宙の回転するエネルギーの脈動が認識レベルで具体的にとらえられるのは、特に〈私たちが問い、疑い、熟考し、探求する〉場合、要するに〈同時に創造的局面でもある認識上の不確実性の局面に私たちが置かれている〉場合だ、ということである。なるほどこれは私たちが長時間は耐えられない局面である。謎を解く思想、探し求められた答え、文字通り《私たちを救う着想（ひらめき）》によって、私たちは解放されることを望む。しかし交互定立する根源的エネルギーのはたらきは、この局面にまで及んでいる。これこそが〈万物における生成エネルギー〉としての〈述語的回転〉のもつ普遍的意義である。「それゆえここにあるのは第一の脈動、目に見える自然全体をつらぬいて進行するあの交代運動の——永遠なる収縮と永遠なる再拡散の——遍在する干潮と満潮の始まりである(44)」。

述語的構造の確立にともない、ひとつの〈始まりの具体例〉が与えられた。この具体例のもとにとどまったままでいれば、変化のない完結し静止した世界が描きだされる。これに対して、まさにその変化を考慮に入れようとしているいまや私たちが手にしているのは、持続的構造もなくひたすら生成し空転するだけの世界である。盲目的回転は「必要に」、荒れ狂う必然（Notwende）に「迫られて(45)」あらんとし、「みずからのために自然を探し求めるが見出さない（quaerit se natura, non invenit）」のである(46)。はじめ私たちは述語的構造を手に入れ、それとともに答えを得たが、根拠のある問いはなかった。いまや私たちには苦渋にみちた問いかけだけがあって答えはない。それゆえ、私たちの喫緊の問題は〈いかにしてこの狂ったように回転する車輪に《ブレーキをかける》ことができるのか〉ということである。言いかえると、〈いかにしてこの車輪をスポークにはめることができるのか〉、〈いかにしてこのカオスを構造化しうるのか〉、あるいはシェリングの言葉を借りれば、「いかにして、あるいは何によってこの駆り立てから解きはなたれ、生命は自由へと導かれたのか[47]」ということである。

第17節　カオスから秩序へ

述語的回転は、〈何か或るもの〉が〈かくかくしかじかのもの〉になる、ということを許さない。したがって、ことがらに即してみれば、そもそも私たちは〈何か或るもの〉を手にしているのではまったくなく、ただ〈自分自身に似ていない（sui dissimile）何か或るもの〉を手にしているにすぎないのである。「たしかにそれは自分自身でありたいと望むが、しかしこのことこそが直接的には不可能である。意欲するやいなや、すでにそれは別のものになり、自己を歪曲する[48]」。もちろん、たえまなく自己を歪曲する〈何か或るもの〉だけで構成されている宇宙では、言語によってやりたい放題はできない。古代においてこのような世界は、流れることを止めない変化にあらゆるものが服さざるをえない〈ヘラクレイトスの宇宙〉として議論された。それどころかあるときプラトンは、そのような宇宙のために「別の言語を導入しなければならない」と考え、すぐさまひとつの語を作る。つまり、このような〈ヘラクレイトスの宇宙〉辞典に記載されるのにふさわしい語のことである。「まったく不定の言い方なので（ἄπειρον λεγόμενον）、たとえば《決してそうではない（οὐδ᾽ οὕτως）》がそれに違いないでしょう」[49]。もちろんこの種の単語の登録は待てど暮らせど一度きりしかない。述語的回転というこの言語化できない宇宙の外へ出たければ、代名詞的〈ある〉、述語的〈ある〉、命題的〈ある〉が相対的な安定性を得られるように、私たちは配慮しなければならない。

話をわかり易くするために、ここで私はひとつの比喩を述べよう。映写機を一時停止すれば画面には静止画像が投影される。これは、私たちのいう始まりの世界の静止状態に、〈パルメニデスの宇宙〉に相当する。しかし再生速度を極限まであげて動画を早おくりして、画面に視覚的フラッシュを投影することもできる。そうすると私たちは何も認識できない。この効果は空転する世界に、〈ヘラクレイトスの宇宙〉に相当する。したがって私たちの課題は、動画を鑑賞し続けることができるように、その再生速度をこの動画の投影に最適になるようにきちんと調整することである。言いかえると、私たちは代名詞的〈ある〉、述語的〈ある〉、命題的〈ある〉を不条理な交替から救いださなければならない。要するに、なんとかして速度をゆるめて、代名詞的〈ある〉を代名詞的〈ある〉として、述語的〈ある〉を述語的〈ある〉として、命題的〈ある〉を命題的〈ある〉として固定しなければならないのである[50]。こうしたことは外部からは成しとげられないので、始まりのポテンシャルはみずからの手でみずからを調整し、みずからをそのようなものとして生み出さねばならない。始まりのポテンシャルは〈同時に他のものでもあることによってあらゆるものであろうとすること〉を断念しなければならない。まさにこのような意欲に駆り立てられているからこそ、始まりのポテンシャルそのものは〈ある〉ことができなかったのである。「自然本性によって三者が等しく〈あるものである〉ように駆り立てられていた」以上、「それらはみな同じところに、〈あるもの〉という位置に、それゆえいわば一点にあろうと努める」ほかなかった。「たがいに折り重なってあるように強いられるものの、それらはたがいに相容れないわけだから、何かが〈あるもの〉であるなら、それ以外のものはどうしても〈ないもの〉にならざるをえない。それゆえ、三者が等しく〈あるものである〉ことを断念するならば、ただその場合にのみこの必然性は止められる[51]」のである。しかしこのように〈ある〉を断念するというのはどのようなことだろうか。言うまでもなく同時にそれは、代名詞的〈ある〉、述語的〈ある〉、命題的〈ある〉以外の何かが〈あるもの〉である、ということを承認することである。いったい何がこのようなものでありえよう。またしてもそれがなんらかのエネルギーポテンシャルであるはずはない。というのもすべてのエネルギーポテンシャルが私たちの目の前にはあるのだから。だとすれば、それはシェリングのいう「それ自身はポテンツをもたないもの[52]」でなければならないだろう。それは三つの始まりのポテンシャルに場所をあけ、空間(スペース)を与えるものでなければならないだろう。三つの始まりの〈例〉にとって、その場所となるものは、それ自身は〈例〉ではなく、三つの〈例〉がいわばそれの〈例〉であるようなものである。あきらかに、このものは〈始まりの変数〉が意味するもの以外の何ものでもありえない。〈始まりの例〉について議論していたとき、ひそかにではあるけれども、根本的にいえばつねにすでに、たしかに〈始まりの変数〉という意味を私たちはいっしょに議論していたのである。ところで、この〈始まりの変数〉の特徴をより詳しく述べるなら、どうなるであろうか。あらゆる始まりにとっても、あらゆる始まりつつある始まりにとっても、またあらゆる終わりにとっても、〔さらに〕〈生成の雑踏〉にとっても、〈始まりの変数〉は〈止住するもの〉、〈不動のもの〉である。それは三つの始まりに空間(スペース)を与えるもの、そのかぎりにおいて三つの始まりを可能にするものである。三つの始まりを可能にするものに私たちは同時に《自由》という言葉も結びつける。ここでいう《自由》とはたとえば〈私たちがなんらかの点から鉛筆で線を引き始めることができる〉ための前提にほかならない。〈現実の始まり〉とのかかわりでいえば〈始まりの変数〉そのものは〈始まり〉ではない。つまりそれは〈或るもの〉ではないが、しかし三つの始まりの〈始まりの次元〉であるという意味では、再びなんらかの仕方で〈或るもの〉でもある。それ自体は〈始まりの出来事〉に含まれていないので、〈始まりの次元〉は始まりもしなければ、終わりもしない。言いかえると、時間も場所も欠いているが、〈或るもの〉があるやいなや、すでにそれはある。それゆえ、このような〈始まりの変数〉をシェリングにならって「超えてあるもの」(τὸ ὑπερόν) と名づけることができる。(53) プラトン的に解釈すれば、それは善のイデアである。善のイデアについて「それは、それ自体は〈ある〉ではなく、位階と力との両面から〈ある〉をさらに超えてそびえ立つ(54)」と言われている。こうしたことは何もかも非常に劇的(ドラマティック)に聞こえるし、実際かろうじて哲学的に行なわれうるものの限界でもある。しかしつねに〈変数の意味の解明〉を忠実に遵守しているかぎり、ここでも敗北を認めて〈論証というタオル〉をリングに投げ入れる必要はない。私たちの当初の問題は、述語的回転の速度をゆるめ構造を受け入れ可能にする、ということであった。これについて得られた成果は以下のことに尽きている。——述語的過程の不条理な反復が構成された。この空転する〈たがいに押しのけあう過程〉のなかで代名詞的〈ある〉、述語的〈ある〉、命題的〈ある〉がみずからを駆り立てる姿はあたかも遊びたわむれるかのようであった。私たちによるこの構成は、それをきちんと〈始まりの変数〉のなかへ代入しさえすれば、おのずから落着する。というのも、任意の述語的始まりに関連づけられるとき、〈始まりの変数〉はΦxのための述語的な〈構造の次元〉となるからである。〈始まりの変数〉によってあらゆる述語づけに空間が与えられると、あらゆる述語づけは明瞭となり、その諸要素にひとつの構造が割りあてられる。要するに、代名詞の位置と述語の位置とがこのような要素として確立されて、命題を形作ることができるようになるのである。

　ところでそれ自体がすでに構造ポテンシャルを代名詞的〈ある〉と述語的〈ある〉のために用意しているので、もともと命題的〈ある〉は〈始まりの変数〉のもつ意味にきわめてよく似ている。というのも変数ΦxはFxということ、ないしpということのための空間を作るからである。このようにして変数Φxはこのことを発話可能にする。言いかえると変数Φxはpということのための〈発話するもの〉なのである。pという状態のために場所をあけるのだから、〈始まりの変数〉は「あれやこれやの状態ではなく」絶対的状態である。つまり、それ自身は命題ではなく、命題以前の命題、絶対的命題、〈命題の変数〉ないし〈命題の次元〉である。このようなものをシェリングの言葉で精神ともいう。命題的〈ある〉と〈そこにおいて命題的〈ある〉が空間を見出すもの〉とが本性的に近いので、三つの〈始まりのポテンシャル〉のあいだの対称性は破れる。それらの「均衡《バランス》（Aequipollenz）」はおのずと[55]」失われるわけである。こうして述語的変数が具体化されうるためには、命題的〈ある〉が前にあらわれ、述語的〈ある〉と代名詞的〈ある〉とは後ろに退かなければならない。言いかえると、ひとつの命題内容という全体のなかで、述語的〈ある〉と代名詞的〈ある〉は〈代名詞としての場所〉と〈述語としての場所〉を占めなければならないのである。このようにして述語的空間と述語的時間が生まれる。「それゆえ〈超えてあるもの〉とかかわるために［述語的構造へ入るために］、永遠の自然はみずからの内にあの体制を受け入れなければならない。この体制においては、永遠の自然の内なる自由なもの［命題的〈ある〉］が、それ以外の〈ある〉を超えてそびえ立ち、それ自体としてはとらえられない精神［命題的変数］の直接的主語［具体例］となる。その一方でほかのふたつの原理［代名詞的〈ある〉と述語的〈ある〉］のおのおのはそれらにふさわしい場所に身をすえる。つまり第一ポテンツ［代名詞的〈ある〉］は最深の場所を、第二ポテンツ［述語的〈ある〉］は中間の場所を、第三ポテンツ［命題的〈ある〉］は最上の場所を占めることになる[56]」。世界の過程《プロセス》を述語づけ可能にする、このような構造形成の過程《プロセス》をシェリング本人はこんな風にも特徴づけている。つまり、このような過程《プロセス》のなかで自然は同時に「〈発話するもの〉であること、〈あるもの〉であること」を放棄することによって「たんに発話されるものに」なる、と[57]。その意味内容は私たちの解釈と完全に合致している。私たちの立場から言いかえると、このような要求を自然は〈命題の変数〉へゆだねるのである。それによって〈命題の変数〉は〈最後に発話するもの〉に、〈匿名の表明〉に、〈第一の出来事〉（ὄν mit）になる。始まりのポテンシャルの全体は、なかでも根源的否定である代名詞的〈ある〉は、「あの始まりの力は……発音されるものの内へ、外的なものの内へと定立され」る。しかし〈整合的なものの不整合な過去〉は残存し、そのようなものとして〈目に見える自然〉の〈根源的種子〉でありつづける。そのかぎりで「自然は過去の深淵である[58]」。さて「いまや初めて〈前〉と〈後〉が、ほんとうの意味での明確な分節化が生じ、それとともに安定がもたらされる[59]」。命題的なものを、あるいは意味を分節化するための条件として空間と時間が生まれる。それゆえ空間と時間は、回転する根源的狂気を押しのけるための形式でもある。「言いあらわしえないもの」が「言いあらわされるものになる。しかしこのことは「〈言いあらわしえないものにとって言葉であるもの〉を背景として[60]」生じるのも、〈言いあらわしえないもの〉にとって言葉は先在する〈変数の意味（Bedeutung）〉である。というのも、〈変数の意味〉は《超えてあるもの》だからである。そのようなものとして〈変数の意味〉は「つねに自己の内にあるのではなく――時と場合によるが――自分以外のものに対してある[61]」。しかし言いあらわされることによって変数を具体化する素材ともいうべき、この自分以外のものはどこからやってくるのだろうか。ここでシェリングはさまざまな答えを検討している。なかでも吟味の対象となっているのが、〈変数〉は同時にまた〈非変数でないもの〉でもある、という答えである。シェリングによれば、この答えは「おのずから反対命題が導きだされる命題に関する古い教説[62]」にもとづく。とはいえ、このような策略（トリック）は「よくてもせいぜい弁証法的（ディアレクティッシュ）〔な答え〕」になりうるだけで、「決して歴史的（ヒストーリッシュ）な、言いかえると真に学問的な」答えにはなりえないだろう[63]。

シェリングはそのような奇襲戦法を用いて迫りくる二元論を回避しようとはしない。彼の指摘しうることといえば、あらゆる変数そのものと同じく〈命題の変数〉にはもともと代名詞的性格がある、ということだけであろう。これによって〈命題の変数〉を代名詞的〈ある〉の〈遅咲きの花〉として説明できるようになる。いまやこの代名詞的〈ある〉から〈命題の変数〉の具体化のための素材が受けとられるわけだから、この素材を〈命題の変数〉は「自分自身の背後にすえた、つまり過去として定立した[64]」のである。言いかえると、〈命題の変数〉の具体化の素材ともいうべき、あの他なるものは〈この変数にとって在りし日のもの〉から受けとられるのである。こうして〈命題の変数〉は「あのくりかえし円を描いて回転する生命を永遠なる過去としてのみ自己の内に含む[65]」のである。この様子は遠目には変数の自己具体化のようにもみえるし、ある意味では実際にそうでもある。ただしこの具体例が受けとられるのは変数の古い素材からである。つまり、変数の過去である《盲目の》素材、変数の在りし日の不整合、無意識からでなければ、それは受けとられないのである。なんであれ代入が行なわれることによって初めて変数は《見るように》なる。それはかつての自分の姿を《見る》。すなわち、具体化によって変数は自己を意識するのである。

したがって述語的反復という思慮分別のない陶酔状態、原初の不整合から抜けでて、ついにひとつの構造が獲得された。「形のないものから形のあるもの[66]」が生じ、述語づけの可能な宇宙、整合的でありうる宇宙が成立した。ここでの発生は不整合な諸前提にもとづく推論、自己発見、意識化の過程（プロセス）、《何か或るもの》から《誰かある人》への移行をモデルとしている。ここに見出される代名詞の差異をシェリングは成果ととらえている。というのも〈何か或るもの〉が自己を見出したとき初めて〈誰かある人〉は話すことができるからである。このことはまったく両義的であり、次のふたつのことを意味している。第一に、〈何か或るもの〉が《確立し》(x)(x＝x)、それによって〈言いあらわされうるもの〉が生じたとき、初めて私たちは〈何か或るもの〉について話すことができる、ということを。第二に、〈何か或るもの〉が自己に到達し、それによって〈言いあらわすもの〉となりうる、ということを。「自己を言いあらわそうとするものは、はじめに自己自身に到達し［なければならない[67]］」。しかしいかにして〈何か或るもの〉は自己自身に到達するのだろう。シェリングはそれを〈探求と発見〉をモデルとしてこのように記述している。「自己に到達すべきなら、それは自己を探し求めなければならない。このものの内には、それゆえ〈探求すると同時に探求される何か〉がなければならない[68]」。同じことは次のようにも説明できる。すなわち、私たちのなかにある〈何か或るもの〉は〈言いあらわされるもの〉であろうとしているので〈言いあらわすもの〉を求め、この〈言いあらわすもの〉によって〈何か或るもの〉は言いあらわされるのである、と。このように〈語り手を探し求めること〉は、シェリングによると、〈言いあらわされるようになりたい〉という自然の憧憬[69]である。それは、盲目的な述語的反復からのがれ、述語づけの可能な構造へ至りたい、つまり〈意味の構造〉を獲得したい、命題を形作ることができるようになりたい、狂気から逃げおおせ〈狂気の凪の状態〉になりたいという憧憬でもある。このような憧憬は命題の次元のたんなる魔術的作用として生まれる。生成の渦、原初的不整合、根源的無意味は、この意味の魔術にぶつかって打ちくだかれる[70]。生成の渦はたんなる〈一なるもの〉であった。それがいまや魔術的に〈一切〉になる。

これによって私たちは最古の存在者〔本質〕に関する伝記をひとまず書きおえたことになる。〈何か或るもの〉と〈誰かある人〉とのあいだに〈代名詞の差異〉が確立されることによって意識が生まれ、述語づけの可能な宇宙が生じる。構造をなしえない述語的反復からこのような宇宙はあらわれた。しかし「この宇宙の内にはあの焼きつくす炎の力がまだ微睡んでいる。それはただ〔一時的に〕宥められているにすぎない。〈一なるもの〉が〈一切〉となったあの言葉によって、この力はいわば魔法をかけられて大人しくなっただけなのである」(71)。

第18節　自己組織化と統一

シェリングが確立したのは第四の次元である。この第四の次元は〈可能性の余地〉の三つの次元によって行なわれる〈排除の競争〉を停止させるわけではない。しかしそれは、このような競争に構造と相容れうる〈フルマイ〉を与えるのである。とはいえ、このことがきわめて理解しがたいのは疑いを入れない。その理由の最たるもののひとつは、この競争そのものが第四段階にとってその過去に属している、ということにある。もっとも、この過去から独立しているのは第四段階〔そのもの〕ではなく、ただ〈野生状態の平定を可能にするもの〉だけである。すなわち、〔あたかも〕雲散霧消したかのように、野生状態は宥められてあらゆる構造を受けとるにもかかわらず、野生状態という過去はつねに脅威としてとどまり、あらゆる構造にその〈否（ナイン）〉として潜伏しているのである。

シェリングのいう第四段階は、自己組織化[72]の過程（プロセス）を説明する際に、H・ハーケンが臨場感たっぷりに《隷属化の原理[73]》と呼んでいるものに似ている。それによると、複数の散漫な運動の進行にエネルギーが供給されると、それらはひとつの運動の構造を形作るが、この運動の構造が発生するのは、複数の競合する運動モデルをこのモデルのひとつそのものがみずからに《隷属させる》ことによってである。この〔みずからに〕《隷属させる》モデルをハーケンは《支配者（Ordner）》とも呼んでいる。〈支配者〉は競争相手のなかからただひとり選びだされた、いわばその当座の調教師のようなものである。たとえば雲の形成や流体プロセスのように、開放系のあらゆる過程（プロセス）において、つねに同じ光景を再認することができる。「〈見えざる手〉によって駆り立てられるかのように個々の部分は配列されるが、その一方で逆に、個々の系はその協働によってこの〈見えざる手〉を初めて作り上げるのである。すべてを秩序に従わせるこの〈見えざる手〉を私たちは《支配者》と名づけたい[74]」。この〈支配者〉は、このことがらに外部から介入するのではなく、この事象そのものが自己を組織する仕方の一部である。まさにそうであるがゆえに、この〈支配者〉は自己組織化のたんなる〈調整する原理〉なのである。ある程度の合法則性をそなえたこの自己組織化によってカオス状態は秩序ある状態へ《導かれる》。ところでこのように《カオスから秩序を強制的に生じさせること》は、ハーケンの強調するように「このことがらが行なわれる舞台である物質的基体にほとんど依存していない」ので、「このような合法則性が非物質的領域にも見出されうる[75]」と推測される。「この領域に属するのは、たとえば社会学においては、新しい種類の観念にとつぜん従うようにみえる複数の集団全体、流行、文化の精神的潮流、絵画技法の新しい方向、あるいは文学の新動向などにみられる姿勢である」[76]。

しかしこの原理によって説明されうるのは文化的現象だけではない。あらゆる認識も、思想をとらえることも、あるいはより厳密には、突如として私たちにひとつの思想、ひとつの観念が生まれるという状況も、そうなのである。「ジグソーパズルのように、予想もしなかった新しい連関をもつイメージが私たちの目の前にあらわれる。私たちの脳のなかで意識の〈相転移〉の一種が生じ、これまでは無関係だった多くのものが一転して秩序だった有意味なものになり、苦痛にみちた熟考がふいに解放感あふれる確信に場所をゆずる。すでに長いあいだ、新しい認識が私たちのなかで微睡んでいたのだが、唐突にその認識が光明のように私たちを照らすのである」[77]。このおなじみの現象にハーケンは次のように注釈をつけている。「シナジェティクスのほかの分野において私たちが見知っているのと似たことがここでは進行中だという印象は禁じがたい。一種のゆらぎ（《照明》）によって新しい〈支配者〉（それゆえ新しい観念）が生まれ、ついで〈支配者〉は個々の局面をおのれに従わせつつ、おのれに関連させ、おのれに隷属させることに成功する。しかしこうしたことのすべてはまたしてもまた自己組織化としてのみ行なわれる――私たちの思想も新しい洞察へ、新しい認識へと自己自身を組織するのである」[78]。

ところで、シェリングの行なっている第四段階の特徴づけは、このような〈支配者〉の果たしている役割と、その構造の面からみてたいへんよく似ている。代名詞的〈ある〉、述語的〈ある〉、命題的〈ある〉という三つの《ポテンツ》のあいだで対称性の破れが生じ、シェリングのいうように、その平衡（バランス）が失われると、命題的モデルがある意味で優勢になり、代名詞的〈ある〉と述語的〈ある〉を《隷属させる》、言いかえると、これらを強制的に〈構造と相容れる状態〉の内へ置き入れるのである。それ自体としてみればそうではないにもかかわらず、こうした《支配者》の役割にかんがみると、命題的〈ある〉は、すでにシェリングのいう第四段階の《現実の》記録文書（ドキュメント）である。要するに、第四の契機とは統一にほかならないとすれば、あらゆる〈支配者〉はこの統一の具体化なのである。この〔それ自身は〕性質をもたない〈一なるもの〉へと関係づけられることによってのみ、述語的回転というカオスは自己自身を克服しうるようになる、言いかえると、自力で自己を組織しうるようにもなる。まさにこのありさまをシェリングは次のように言いあらわしている。「高次の全体のなかの〈自己を有機的に組織する一部〉である場合にのみ、〔有機的〕自然はその奇跡を生むのであるから、たしかに〔有機的〕自然はぜひとも外的な助力を必要とせざるをえない。しかしこの助力は〈自然を自由の内に置き入れる〉という役目しかもたず、この助力を別にすれば、〔有機的〕自然はあらゆるものを自分自身から受けとり、そのかぎりにおいてもっぱら自己自身にもとづいてあますところなく説明されうる」[79]のである。そもそも〈支配者〉がひとつの役割を努めうるように自然の過程（プロセス）において配慮しているもののことを、シェリングは自然の《魂のような本質》と呼んでいる。とはいえこの言いまわしは統一に対する感受性を示す何ものかを象徴しているにすぎない。というのもそのような感受性こそが自然の自己組織化のための前提だからである。この感受性の仕事は、自然のあらゆる装備がそれぞれの仕方で〈支配者〉によって統一へと方向づけられたままでいられるように配慮する、ということにある。この方向づけのことをシェリングは自然の憧憬と呼んでいる。またこの統一の作用は因果関係という本来の意味の作用ではなく、たんに魅惑するという魔術のような作用でしかない。〈一なるもの〉がたんに〈ある〉ということが、可能的なものの回転する混乱状態へ魔術的作用を及ぼし、それに魔法をかけるのである。魔法をかけられて混乱状態はあたかも呪縛されたかのように大人しくなる。こうしてそれは構造へともたらされるのである。この移行は大いなる転機である。代名詞的〈ある〉のエネルギーポテンシャルと述語的〈ある〉の構造ポテンシャルの内、前者は構造を否定し、後者はエネルギーに飢えている。このふたつのポテンシャルが、いまや相互排除の競争という渦巻の外へと歩みでて、たがいに分離することにより、自己組織化の過程(プロセス)のための、つまり宇宙(コスモス)の成立のための可能性の余地が生まれるのである。

それゆえ、ここで私たちがシェリングに追随しようとするなら、世界成立の原因をごく単純な意味で問うてはならない。というのも、その種の原因がありうるのは、因果関係が成立しうる状況下にかぎられるからである。ここにはあきらかに〈世界の始まり〉に対する魔法型(タイプ)の誘因しかない。しかしさらにまたそれは〈魔法を使うこと〉にもとづく誘因ではなく、〈魅惑する〉という意味における〈魔法をかけること〉にもとづく誘因なのである。述語的回転という世界に先立つ野生の陶酔においては、なるほどそのあらゆる要素自身が無形の〈押し合いへし合い〉から逃がれたいと望んでいる。しかしそれらはいわばひたすら反対者を打ちまかすことによって、自分だけが〈あるもの〉であろうと渇望して止まない。思いがけず「いかなるはたらきかけもなく、高次のものがたんに〈そこにある〉というだけで……いわば魔法のように、それ［永遠に始まりつつあるだけの生命］の内に〈自由への憧れ〉がめざめる[80]」。別の箇所では「あらがいがたい魔力[81]」や「魔法をかけること[82]」についても語られている。シェリングは〈一なるもの〉から始める。この〈一なるもの〉は《永遠の自由であること》あるいは《何も欲しない意志》とも呼ばれている。このふたつの言いまわしを理解するには、それらをその反対概念である〈必然であること〉と〈或るものを欲する意志〉と対比してみなければならない。

何かが必然的にあるならば、このものは決定因子に依存している。しかしこうした依存は非自立性の指標である。同じことが〈或るものを意志する意志〉についても言える。つまり、意志とは〈満ちたりていない〉ことをあらわし、自分自身でない或るものを切望する或るもののことであり、欠乏の指標である。存在と意志とをもつ〈一なるもの〉について語りうるとしよう。しかし〈一なるもの〉という意味が保たれるべきならば、〈限定された存在〉や〈或るものを切望する意志〉は考えられるはずがない。〈限定のない存在〉をもつものはあきらかに、あることもないことも〈選択〉しうるものである。〈何も欲しない意志〉にふさわしいのは〈何ひとつとして欠けていないもの〉である。実際にこのふたつの規定の交わるところで〈一なるもの〉をとらえるならば、〈一なるもの〉はひそかに〈生ける一〉になる。というのも、〈生ける一〉でないなら、いかにしてみずからの有無を選択しうるだろうか。また〈生ける一〉でないなら、いかにして〈満ちたりた意志〉でありえようか。シェリングは、この自立的・自足的な〈一なるもの〉を〈自然なきもの〉とも呼ぶ。「存在者〔本質〕でもなければ〈あるもの〉でもないが、その反対でもないもの、永遠の自然が切望して止まない、あの〈自然なきもの〉[83]」。

ところで、遅くともこの唯一無比のものを特徴づけようとする頃には、私たちの言語は完全に機能不全に陥っている。このものを私たちは明確に規定しようと試みるものの、ここではそのような仕方では何ひとつうまくつかまえることはできず、言葉はすべりおちる。実際これは驚くべきことでもない。というのも、言葉によって特徴づけることができるならば、私たちに対して〈モノノ側カラ〉も特徴が与えられていなければならないが、〈一なるもの〉の意味に関しては、まさにこの前提があてはまらないからである。〈一なるもの〉は「性質をもたない」。巧みな言いまわしでシェリングはさらに付言している。「源泉から汲みあげられたばかりの水と同じことで、崇高なものにおいても趣味は、つまり区別の能力は味わうべきものを何も見出さない[84]」。

したがって私たちが明確な規定を与えようとして、ここでどのような言語的手段に訴えたところで、あの性質のない〈一なるもの〉を直示するという以上の成果をあげることはできない。またかならずしも全員がこの目くばせにしたがうわけではないだろうが、それも驚くにはあたらない。それゆえ私としては、これを機会に次のことを熟慮していただくということだけでよしとしたい。それは、〈一なるもの〉の疑いようもなく散漫な意味を、〈数の一〉の定義へと撤退することによって除去することはできない、ということである。G・フレーゲ[85]以来、〈数の一〉は〈抽象による定義〉にまでさかのぼることによって定義されている。〈抽象〉によって私たちは、はじめに〈数の等しさ〉の概念を定義し、ついで総数（Anzahl）の概念を介して基数（Kardinalzahl）を導入するのである。

私たちは、たとえ数えることができなくても、一義的な割りあて（全単射）によって〈数の等しさ〉を定義する。しかしこのような〈数の等しさ〉の直観的理解は、つねにすでにあの〈一なるもの〉の意味をとりくずして生きている。それゆえ、この〈一なるもの〉の意味は〈同一性によって固定されている数の大きさ〉によって、つねにただ記録されるにすぎないのである。このようなことは明々白々である。したがってフレーゲによる〈一〉の考察に終わりがなかったのも驚くにはあたらない。一九二四年三月二五日の日記にしるされているように、結局のところ、あまたの問いがなおも未解決のままである。「数を〈もの〉としてではなく〈ものの或るもの〉とみなすなら、これはすでに進歩である。その場合には、たとえば、異なる葉が同じ緑色を身にまとうことができるのと同様、その違いにもかかわらず、異なるものが同じ〈一〉を身にまとうことができると見なされる。それではどのようなものに〈一〉は見出されるのか。どのようなものにも〈一〉は見出されるのではないだろうか[86]」。ここでフレーゲが念頭に置いているのはおそらく〈同一性の関係〉（x）（x＝x）であろう。この〈同一性の関係〉のおかげで、私たちは《もの》を《自分自身に等しい或るもの》によって置きかえることができるのである。しかしここでは《或るもの》が統一的意味をもつこと、変数 x が一義的であることも、すでに確立していなければならない。ところが、変数が何なのかが言われていないと、〈或るもの〉はフレーゲのいう〈意味（ベドイトゥング）〉をもたず、《ひとつの対象を暗示するだけである[87]》。このように対象を暗示するためにも、すでに〈一なるもの〉の意味がなければならない。この意味は関係記号〈＝〉に関する私たちの理解によっても完全には取りのぞかれず、あきらかにそれよりも深部に位置している。

　変数の本質についてもっと精通していれば、〈一なるもの〉に関する私たちの哲学的理解もさらに進んだのかもしれない。変数のおかげで私たちは普遍性を確保するものの、意味（ベドイトゥング）は犠牲になる。この損得勘定の背後にはひとつの法則がひそんでいるのであろうか。それどころか最大限の普遍性が得られると、その対価として、たとえ暗示するだけのものでしかないとしても、その力がまるごと失われずにはいないのではないか。そうなると私たちの手もとにはいったい何がまだ残っているだろう。もはや暗示する力を失くした、あらゆるものを表示するひとつの記号だろうか。シェリングはここで次のように答えるだろう。「実際たしかにそれは無である。しかしそれが無であるのは〈純粋な自由〉が無であるのと同じ意味においてである。つまり何も意志しない、いかなることも切望しない、それにとってはあらゆるものが等しい、それゆえ何ものにも動じない、そのような〈意志〉が無であるのと同じ意味において、それは無なのである。このような意志は無であるとともに一切でもある。それは無である。なぜならば、それは自分が活動したいとも思わないし、なんであれ現実化されることを求めもしないからである。それは一切である。なぜならば、〈永遠の自由〉であるこの意志からのみ、あらゆる力は生まれるからであり、この意志はあらゆるものを自己にしたがえ、あらゆるものを支配しているが、いかなるものによっても支配されないからである[88]」。ことがらの面からいってここでは、このような比喩の狂宴を避けがたい。それゆえここでも決定的な壁が立ちはだかって、論証による『諸世界時代』の再構成をさまたげている――こうしたことをここで否定することはできないし、またそうすべきでもない。ここでなしえたのは、〈私たちはこの困難を無視することによってそれを克服しようとしない〔無視を克服ととりちがえない〕〉という洞察を読者に公言する、ということでしかない。

第19節　シェリングの世界公式

シェリングの『諸世界時代』は〈新時代のための来たるべき叙事詩〉の暫定的形態であり、そのようなものとして《民衆の耳にもなじむ》哲学体系である。しかしそれだけにとどまらず、『諸世界時代』はひとつの論証を求める格闘でもある。そしてその要求にしたがえば、この論証は世界公式としてのみ特徴づけられうる。『諸世界時代』においてシェリングは実際にそのような公式を提示している。〈述語づけの理論〉という手法にもとづくシェリングの思弁を象徴的に集約したものとして、この公式は読み解かれるべきである。もっともこの定式が担いうる要求を過大評価することも許されない。つまり、この公式はシェリングの思弁を速記した図でしかない。それは《拠りどころ》になりうるようなものではないので、注釈なしでは何の意味もなさない。彼の世界公式をシェリングは次のような図式であらわした。[89]

$$\left(\frac{A^3}{A^2=(A=B)}\right)B$$

このいわゆる〈同一性の公式〉は以下のように解釈されるべきである。すなわち、A＝Bであるとき、同一のものであるのはA^2であり、そのようであるということがA^3であるが、このことにはつねに（B）が対立している、つまり〈この関係が、同一性の与えられ方が同一性そのものによって脅かされている〉ということが対立している、と。それゆえフレーゲ的に言いあらわすならば、〈同一性の関係〉があるのはただ意義（ジン）があるからである。ところが意義（ジン）はつねに〈同一性の与えられ方〉でしかなく、同一性そのものではないので、同一性がなければ無である。その一方で、その〈与えられ方〉がなければ同一性はまったく意義（ジン）を欠く。それは〈名前のない対象、記述のない対象〉、〈意味論上のブラックホール〉、〈関係以前の一なるもの〉である。この定式は〈自己意識の理論〉の術語を用いても解釈できる。そうすると、この図のもうひとつの意味はおそらくこうなるだろう。実行という面からみれば、肯定（A）は否定（B）と同一である。なぜならば、判断する際に私たちはつねに対立する思想のあいだで選ぶからである。この選択が行なわれると、ただひとつの行為が得られる。なぜならば、一方の思想（p）を承認すること（A）は、それに矛盾する反対（¬p）を拒否すること（B）とつねに同じだからである。そのかぎりにおいて（A＝B）が成りたつ。だから実行という面からみれば、肯定と否定とは同一のもの（＝A^2）であるが、しかし肯定されるものと否定されるものは異なるものなのである（pと$\bar{p}$）。

そういうわけで、どのような判断においても〈実行の面からみた同一性〉と〈判定されるものの差異〉とは共属しているが、この共属性をあらわしているのが命題（A^3）である。この命題に対して判断がくだされることによって立場が表明される［A^2＝（A＝B）］。認識の面からみれば、立場のこのような表明は一切を汲みつくしているが、ただしひとつのことをのぞく。言いかえると存在の面からみれば、立場のこのような表明はその指令を外から受けとっているのである。この指令によって立場の表明は〈一なるもの〉を経験する。ただし〈一なるもの〉は〈それに対して立場が表明されうるものが何であろうとかまわない〉ということの否定として経験されるのである。このように恣意性が外から否定されるということ、言いかえると、述語づけに先立って否定されるということ、いわば〈統一への義務〉によってのみ《妥当》のような或るものがある。したがって真なるものは一切であるが、ただしひとつのことをのぞく。この例外を象徴しているのが括弧の横にあるBである。〈述語づけの理論〉にもとづくこのような解釈は同時に宇宙論的意味ももつ。というのも、どのようなエネルギーによって宇宙に形が与えられようと、そのエネルギーは結局のところ宇宙だけからでは説明のつかない〈カオスの非可逆遷移〉をとりくずして自己を維持しているからである。〈一なるもの〉という牽引者によって初めて〈対称性の破れ〉と〈相転移〉が生じ、〈自分で自分を組織する宇宙〉が生まれる。こうしてシェリングは、ここでBによって象徴されている《否定する力》をありありと描いてみせる。それは「〈ある〉を飲みこもうとする炎である。それゆえ、この炎は〈それに魅惑されるもの〉と一心同体になる。……〈魅惑されるもの〉ないし〈飲みこまれるもの〉とは〈永遠の自然〉、〈一切〉である。〈魅惑するもの〉ないし〈飲みこむもの〉とは〈一〉である。したがって図解のために私たちが

$$\left(\frac{A^3}{A^2 = (A = B)}\right) B$$

によってあらわしうる全体はわかちがたく結びついた〈一にして全〉（ἓν καὶ πᾶν）である[90]」。

もっとも、シェリングの直観を読者が理解するのに、この公式がわざわざ言うほどの助けになるかといえば、私は疑わしいと言いたい。というのも、数学の流儀であらわされているために、シェリングの直観の意味をとらえるのが容易になっているというよりも、むしろ困難になっているからである。シェリングの直観はここでは以下のようなものであるように思われる。内的にみればどれほど強かろうと、宇宙の〈自己を組織する力〉は取りのぞくことのできない弱点をかかえている。〈依然として外部の何かに依存している〉という弱点である。この〈何か〉とは競争相手ではなく、自分に自分を《隷属させる》もの、言いかえると自己を収縮させる力であり、要するに〈一なるもの〉である。この自己収縮の吸引――〈一なるもの〉の吸引――によって初めて敵対する諸力は恍惚の状態を

去って、自己自身を〈《支配者》によって〉組織化しうるようになる。同じことは認識論的解釈にもあてはまる。自分自身の内部でどれほど強力に私たちが認識能力を発展させたとしても、その力には取りのぞくことのできない弱点がある。依然として〈外的に〉、言いかえると〈始まりと終わりに関して〉〈一なるもの〉に依存している、という弱点である。私たちの認識能力が〈一なるもの〉を自力で作り上げるのではない。私たちの認識能力は、それが総合する際に〈一なるもの〉によって《魅惑される》にすぎない。私たちの認識能力は、この〈魅惑する力〉をつねに必要とし、ゆえにこのような総合を行なうことによって、それを証示するにすぎないのである。

それゆえ、この世界公式によってシェリングが指摘している最低限の内容は、〈発生の次元〉が《開かれている》ままであるために、たえまないエネルギー供給が必要だ、ということである。このエネルギーを供給するのが根源的否定である。さらに別の言い方をすると、シェリングがことさらに強調して指摘しているのは、単数の〈一ナルモノ〉は〈始めにして終わり〉である、ということである。基礎的な述語づけにつねにすでに先立っているのだから、〈一ナルモノ〉は〈始め〉である。どのような述語づけに対しても自立したもの、《誰も完全には考えの及ばないもの》にとどまるのだから、〈一ナルモノ〉は〈終わり〉である。存在（オンティッシュ）の面からいえば、意味論的なものを集めた全体は〈単一のもの〉を自己の外にもっている。ただそれだけの理由によって相転移が生まれ、意味論的なものの集成もそもそも自己を組織しうるようになり、知と知の増大とがある。述語も命題も代名詞的〈ある〉を抹消できない。言いかえると、意味論的観念論は代名詞的〈ある〉において挫折するのである。〈何か或るもの〉は〈合理的なもの〉に突きささった〈合理性以前の棘〉である。ただ狂気があるがゆえに意味はある。ただ否定があるがゆえに肯定はある。ただ不整合があるがゆえに整合性はある。ただ無意識があるがゆえに意識はある。いずれにしてもこのような状況は、否定は肯定の〈過去〉である、とも言いあらわされる。〈過去〉とは〈肯定されるものが実在性を得るために過ぎ去らざるをえないもの〉である。否定を排除することによって初めて肯定が可能になる。〈アラユル限定ハ過ギ去リシ否定デアル〉。説明のためにシェリングは心理学から具体例（《或るものから始める》）をかりている。「決断によってなんらかの行為がほんとうの意味で始まるべきならば、そのような決断が意識されるようなことがあってはならない。それは呼び戻されてはならない。そうすることはすでに〈決断を撤回することである〉といっても過言ではない。決断をくりかえし白日の下に晒そうとしない人、そのような人は決して始めることはない[91]」。このような状況を一般的に総括しているのが次のような命題である。「〈始まり〉が自己自身を知るようなことがあってはならない。言いかえると、〈始まり〉は自己自身が〈始まり〉であることを知ってはならない。〈根拠〉ないし〈始まり〉があるというだけでは、つまり、始まってすぐには、この〈根拠〉あるいは〈始まり〉に対する何ものもない、あるいは何も認識されない[92]」。言いかえると〈始まり〉は盲目である。ことがらの面からみると、〈始まり〉はつねに〈先なるもの〉である。しかし概念の面からみると〈始まり〉はつねに〈後なるもの〉である。〔盲目だった〕〈始まり〉が見るようになってしまえば、それは過ぎ去っている。このような過去の上にあらゆるものが、形を受け取るものの一切が安らいでいる。存在するものはすべて、それが存在するかぎり、この「〈始まり〉であることを止めることのない」[93]〈始まり〉の上に安らいでいるのである。

〈始まりが始まりであることを止めない〉というのは〈或るものが存在する〉ということである。さらにいえば、これは〈時間がある〉ということである。というのも、この文脈においては〈或るものが存在する〉ということは〈このもの以外の或るものはもはや存在しないが、しかしもはや存在しないものとして、つまり、始まりとして存在する〉ということだからである。存在するあらゆるものにおいて〈始まり〉は《〔過去へと〕押しのけられた》ままにとどまる。時間というのは、〈押しのけられたもの〉として〈始まり〉が与えられているという、そうしたあり方のことである。自然の自己組織化においてあらわれては消えてゆくあらゆる構造にとって、盲目的意欲の根源的統一は〈押しのけられたもの〉でありつづけている。このことをシェリングは次のように言いあらわしている。「しかしこの統一はもはや対立を自己の外にもつのではなく、それと一体になってしまっており、もはや〈自由で静止した統一〉としてあらわれることができないので、この統一は自分のことをいわば死に瀕しているように感じている」、と。[94]この〈自然のゴルゴタの丘〉をシェリングは「あらゆる生命の内奥をなす、それどころかなさざるをえず、つねに宥められていないとただちに勃発する辛酸の源泉」[95]とも呼んでいる。この《辛酸の源泉》、《あらゆる生命の奥底にある不満》、《生命の毒》[96]こそ、ほかのところでシェリングが――アドルノの〈否定性の美学〉を先取りしながら――〈芸術の対象〉と呼んでいるものである。「人間に対して自然がもつ魅力については多くのことが言われている。しかし人間に対して自然がもつ最も卓越した魅力は憂鬱である。自然の上には憂鬱があまねく降りそそいでいる。この憂鬱はいわば人間に向けられた無言の非難である。もし人々の関心を呼び覚まそうとするなら、芸術家や詩人は自然の憂鬱からその甘い毒を吸引することを学ばなければならない[97]」。

このような〈自然の憂鬱な顔(かんばせ)〉(アラヌス『自然ノ嘆キ』)という美的構想は特筆に値する(ヘーゲルにならって〈理念の感性的映現〉としての美について語られるとき、これに対するシェリングの応答が〈美は狂った理念の感性的映現である〉と定式化されるならば、なおさらそう言える)。いかなる形姿をとろうと、その内で〈押しのけの過程(プロセス)〉が堅持されつづけるのならば、そのことが意味しているのは〈宇宙の存在は永久に脅かされている〉ということ、〈いますぐにでも宇宙は爆縮しかねない〉ということ、この瞬間に「あらゆるものは瓦解し、ものは解体して再びカオスへ戻り[98]」かねないということでしかない。宇宙が内部にかかえるこの脅威は同時にまた宇宙の発生の条件でもある——このことを洞察したということが『諸世界時代』執筆時、シェリングの原動力となった経験であったし、この経験の魔力からシェリングはついぞ逃れられなかったように思われる。だからこそ〈あらゆるものの内に統一がある〉ということに一種の慰めを見出すと信じ、〔あらゆるものに〕調和をもたらそうとする企て——観念論的どころか汎神論的とでも呼べるような企て——にシェリングは驚きを禁じえなかった。「しかしこのような企てがものの外面を突き破りその内面にまで至りうるなら、あらゆる生命と〈現にある〉こととの真の素材がまさに〈身の毛のよだつもの〉であることを見るだろう[99]」。

シェリングの震撼を予感するには、世界公式もまたその象徴である経験が前代未聞のものである、ということを、その極限までありありと思いうかべなければならない。このシェリングの震撼によって思想に地震が生じ、その地震計が『諸世界時代』のもろもろの断片なのである。この断片は、人間の認識が耐えうる目盛りをはるかにうわまわる《針の振れ》を記録している。今日の私たちなら、〈この地震の震源は根本的不整合への、つまり、あらゆる整合的状況の内に根拠として私たちを待ちぶせている根本的不整合への洞察である〉と言うだろう。こうした洞察は現実には把握することのできない思想なのだから、そのような思想を認識するように迫ることは無理な要求である。したがって、この〈始まり〉の不整合を描写しようとすれば、言葉による力わざが必要になるのだが、たとえそう言ったところで誰も驚きはしないだろう。この力わざによって論証的なものはことごとく背後に棄却され、この不整合の理解のためにある意味で〈喚起にもとづくサポート〉だけが与えられるのである。比喩の狂乱のなかで哲学的言説がこっぱみじんとなる章句においてシェリングは、みずからが哲学〔史〕全体を見わたしても比類を絶する言語能力の使い手であることを立証している。たとえばシェリングは発生の内なる症候群(シンドローム)を記述している。発生の内なる症候群(シンドローム)というのは、不整合（盲目の意志）のエネルギーと整合（純粋な統一）のエネルギーのあいだで生じる〈押し合いへし合いの攪乱〉のなかで、自然と精神からなるひとつの全体が自分を産もうとしているという、そうした事態のことである。以下のような具合にこの場面(シーン)はしつらえられている。すなわち、不整合なエネルギーが整合的なエネルギーによって刺激されると、〈純粋な整合性を抹消するためにみずからが整合的になろうとする試み〉のなかで、盲目的意志の原初的な自閉症が打ち破られる、というようにである。このような整合性の試みが、ひとつの自己認識的宇宙のもろもろの所産であるが、これらの所産は私たちが認識しうる宇宙の自己組織化のモデルとなる。シェリング自身はこれを――比類を絶した筆致でもって――次のように描いている。

はたらきつつあるポテンツはいきなり全幅の力をもってあらわれるわけではない。それは深いうたた寝から目ざめる前にも似た、かすかな魅惑のようにあらわれる。しだいに強さを増すにつれて、〈ある〉の内ですでに力が呼びさまされて〈朦朧とした盲目のはたらき〉へ至ると、強大であるが形のない所産のかずかずが浮かびあがる。というのも、このはたらきには精神のおだやかな統一など無縁なのだから。あの親密の、ないし透視の状態にもはやあるはずもないのに、いまだに至福の、未来を予言する幻視のとりこになって、この矛盾のさなかにある存在者は、〈ある〉から、それゆえ〈過去〉から浮きでてくる夢に、いくつもの重くるしい夢にうなされるかのように身悶えしている。葛藤がはげしくなるとすぐに、あの夜の所産はたけり狂う幻覚となって、この存在者の内面を通りすぎてゆく。この夜の所産において初めて、この存在者は自己の本質のもつ〈身の毛のよだつもの〉をあますところなく感じとるのである。ここを支配している感覚は、そして〈ある〉をめぐって相争うあまたの〈向き〉にふさわしいのは不安の感覚である。というのも、この存在者は進退極まっているのだから。そうこうするうちに諸力の絶頂感（オルガスムス）はいよいよ高まるので、収縮力は全面的な分開、完全なる解消をおそれるようになる。それにもかかわらず収縮力はおのれの生命を手ばなしていまい、みずからがいわば〈すでに過ぎ去ったもの〉であることを知るので、この収縮力自身の上にあたかも稲妻のように、みずからの本質のいと高きすがたが、純粋な不動の精神があらわれる。ところで収縮する盲目の意志にくらべれば、この純粋なるものは正真正銘の統一である。この統一を住まいとしているものに自由、悟性、区別がある。だからこそ意志は収縮しながらも、この自由の稲妻をとらえ、わがものにしようとする。これによってこの意志は〈おぞましいこと〉を出自とするにもかかわらず、〈意識をそなえた自由に創造する意志〉にならんとし、諸力の抗争を克服しつつ、みずからの所産にも〈悟性、精神、美の権化である本質的統一〉を分かち与えようとするのである。たしかにそうしようとしてはいるものの、しかし盲目の意志は温和な自由をつかまえられはしない。しかもこの意志に対峙しているのは、このものよりも優位にある不可解な精神なのである。したがって盲目の意志はこの精神があらわれると肝をつぶしてしまう。なぜならば、この精神が自己〔盲目の意志〕の真の本質であること、温和であるにもかかわらず厳粛である場合よりもはるかに強大であることを、盲目の意志は敏感に感じとっているからである。そういうわけでこの意志は、あの精神を見るやわれを忘れたようになり、わけもわからずそれにつかみかかろうとし、まるでひょっとするとそれをつかまえておくことができるかのように、みずからが生み出すものどもにおいても、この精神を内側から模倣しようとするのである。しかし盲目の意志が生み出すものどもは、見しらぬ悟性のようなものである。盲目の意志もそれを用いることはできるが、手なずけることはできない。それは意識の完全なる夜と思慮深い精神との中間にあるものでしかない。

たとえば世界構造のなかにある分別や秩序をそなえた部分は、このような精神の照明から生まれたのである。このような部分があるからこそ、実際にも世界構造は内なる精神の外なる類型としてあらわれる。[100]

この描写によれば、発生というのは不整合なエネルギーによる企てである。つまり、純粋な整合性を模倣することによってそれを抹消しようとする、そのような比類なき偉大な企てのことである。この試みは成功しないのだから、私たちが手にしているのは、不整合から整合へ至る道の途上にある宇宙でしかない。もちろんこのことは私たちにも――この道を歩み、とにもかくにも最も遠くにまで達した〈世界の子ども〉である私たちにも――あてはまる。率直にいえば人間の精神も、要するに不整合なエネルギーによって焚きつけられて、私たちが〈認識〉と呼ぶ整合的モデルにおいて自己を組織するわけである。不整合なエネルギーがなければ、そしてこのエネルギーが純粋な整合性へと方向づけられていなければ、この精神の自己組織化はたちまち崩壊するだろう。このような精神の自己組織化の症候群(シンドローム)を――またもや前例のないほど徹底的に――シェリングは分析したのである。

第20節　理性と狂気

『諸世界時代』の再構成にどのような困難がともなうにせよ、それでも『諸世界時代』の思弁的関心は疑いを入れない。つまりその関心は、宇宙の発生が〈肯定するエネルギー〉と〈否定するエネルギー〉、〈非合理的エネルギー〉と〈合理的エネルギー〉というふたつの脈動によってつらぬかれている、ということを証明することにある。「それとわかるほど十分に世界の構造が示している通り、その最初の成立の際には〈内なる精神的ポテンツ〉が居あわせていた。しかし同じくきわめてあきらかなように、理性を欠いている（非合理的）原理の関与があり、それがいっしょにはたらいていた。この非合理的原理はただ制限されうるだけで、完全にうち負かされることはありえなかった[101]」。

宇宙全体にあてはまることは、私たちの心的状態にもあてはまる。私たちの心的状態も無意識の、結局のところ不整合なエネルギーによって焚きつけられながら、このエネルギーを飼いならし、純粋な整合性へと向かわせるのである。まさにこのことこそ精神の過酷な労働である。自分自身になるために、自分自身であるために、自分自身でありつづけるために精神は《自制し》なければならない。しかしつねにそうだったわけではない。本能に対する抑制が弱まり、それによって〈何か或るもの〉へ向かう方向が突如としてあらわれると、情報処理の組織化が行なわれ、そのとき初めて精神の労働に必要なエネルギーがよび覚まされる。この労働は一撃でなされたのではない。束ねようとする力は不整合なエネルギーの散逸とただちに釣りあったわけではない。このように無意味から意味へと移行するとき、そこでは〈ない〉の不定形のかたまりのなかへ意味が流入するという現象が生じる。この流入によって狂気のプラズマが生まれ、そこから理性が初めてあらわれてくる。

シェリングにしてみると、合理性の出現に先立つこの局面はディオニュソス的局面である。ここでもシェリングは劇的(ドラマティック)なイメージを構想し、それによってニーチェの根本思想をまるごと先取りしている。

古代の人々は何もいたずらに聖なる神的狂気について語ったわけではない。実際に、すでに自由な発展の内へとらえられてしまった自然さえも、それが精神へと近づきつつある状態においては、いわばますます千鳥足になるのが見出される。というのも、たしかに自然のあらゆるものは思慮分別を欠いたままであるが、しかし〈わかれてゆくこと〉と〈ひとつになること〉との最後の闘いの時期に生まれたものどもは〈意識のある状態〉と〈意識のない状態〉の両方に属しているし、人間に直接に先立つ自然の所産に認められるのは、酩酊にも似た状態にあって人間へ向かって彷徨する姿だからである。ディオニュソスの車はわけもなく豹や虎に引かれているのではない。というのも、予感することのできる民族が太古の自然崇拝において、その酒神祭において讃えたのは――本質を直視することによって自然が陥る――この熱狂的な〈野生のよろめき〉だったからである。これに対して自然のあの内なる自己破砕、原初的分娩のあの狂ったようにまわりつづける車輪、そしてそのなかで活きてはたらいている、私たちを駆り立てるあの恐るべき力どもは――神々を崇めたてまつる太古の風習に見出される別のはるかにぞっとする絢爛豪華さをまとい――次のようなものどもによって写しとられている。つまり、自己去勢にみられるような、われとわが身をずたずたに切りさく激怒のふるまい（たとえそれによって表現されているのが、産出するポテンツである圧力の耐えがたさであろうと、あるいはこの圧力の中絶であろうと）、ひとはしらの神をひきさいて、こまぎれになった切れ端をあちこち連れまわすこと、われを忘れて猛りくるうように踊ること、あらゆる神々の母〔ガイア〕を青銅の車輪のついた車にのせて揺さぶりながら行進すること——この行進は心を毛羽立てるような音楽の狂騒に付きそわれているが、その音楽は私たちを陶然とさせたり腸を掻きむしるような気持ちにさせたりする。というのも、音楽をおいてほかにあの内なる狂気に似ているものなどないからである。そのさまざまな音がたえず中心をそれて逃れていきながら再びそこへ近づいてくるということによって、音楽はこれ以上ないほどありありとあの根源的運動を真似ているだけではない。音楽はそれ自身が回転する車輪である。この車輪はただひとつの点から出発しながら、ありとあらゆる放蕩の果てに、くりかえし〈始まり〉へと駆け戻るのである。[102]

ところで、人間理性のこのような誕生の局面が克服され、その〔到来を祝う〕春のディオニュソス祭において精神が生贄になるならば、そのことによって私たちは狂気の場面をあとにした、と思われるかもしれない。しかしこのようなものの見方は、現今の私たちを無害化しようとするものであり、シェリングによれば誤謬そのものでしかない。〔実際〕これよりほかの推測は成りたたない。というのも、ここで問題となっている根源的狂気は、〈自己自身を意味論的に組織する意識〉が発生するために必要な予言術的とでもいうべき前提だからである。このような前提であるからこそ、根源的狂気は〈ひたすら散逸するしかなく、まさにそれゆえにつねに危険に晒されたままである意識〉の構造にとって有効なエネルギー源でありつづける。したがって結局のところ、この根源的狂気の上に築かれるふたつの心的状態がある。「ひとつは狂気を制圧し、まさにこの支配を通して悟性の最高の力をあらわす心的状態、もうひとつは狂気に制圧された心的状態、本来の意味での気の狂った状態である。厳密にいえば、このような心的状態において狂気は生じるのではない。つねにそこにある何かとしてのみ狂気はあらわれる（というのも、狂気へのたえざる刺激がなければ意識もないだろうから）[103]」。このような認識以前の狂気を構想するとき、みずからが古代の伝統のなかにいるということをシェリングはわきまえている。[104]しかし〈私たちの心的状態を構成するまさにこの狂気という要素によって、どのような情報上の優位が確保されるのか〉ということに注目するとき、この構想の認識論上の要点が初めてあきらかになる。つまり、この狂気という構成要素は、意識が苦労して手に入れる意味論的次元の全体に先まわりしつつ、〈この次元がつねに要求するだけで自分自身では生み出さない或るもの〉との接触を維持するのである。言いかえると、〈何か或るもの〉への定位が生まれるのである。私たちが私たちの意味論的状況を一義的に整理しようとするとき、私たちを統一へと方向づけるもの、それがこの《気の狂った》予言術的な関連づけである。〔一義的に〕整理しようとするこの努力のせいで、ある意味でつねに私たちは意味論の圏内にとらえられているので、それよりもいっそう深いところにある、このような予言術的な関連づけが、私たちの視界にはいるのは稀である。「〈自己の内に定立されていること〉が人間を邪魔している。私たちの言葉〔ドイツ語〕が見事に言いあらわしているように、〈自己の外に定立されること〉が人間を助けてくれる[105]」。

ここでシェリングが洞見したことがらについては、その認識論上の意義はどれほど評価してもしすぎることはない。というのも、この〈狂気をおびた構成要素〉は認識に先立つ脱自性であるが、これは〈或るものが存在する〉とはどのようなことか、ということについての理解を完全に刷新するための基礎を与えるだけではない。シェリングがカントを乗り越えていく様子も、この要素はきわめてはっきりと示しているからである。最初に私は存在理解に関する議論をテーゼ風に要約しよう。

伝統的理論

（一） 述語Fが或るものにあてはまるかどうかを決定すること、言いかえると〈(∃x)(Fx)〉が少なくともひとつの議論aについて真である〉という仕方で〈あるxが存在する〉ということを決定すること、このことによって与えられるのは述語Fではなく、述語Fによって情報がもたらされる探求戦略である。

（二） 存在を決定する探求戦略は、存在の認識論的意味をあらわしている。存在の認識論的意味は〈何が探求されているのか〉、〈いかに探求されているのか〉ということについての情報からなり、〈発見されたかどうか〉ということに関する調書で終わる。

（三） 存在の認識論上の意味は、〈ある〉は実在的述語ではなく（カント）、二階の述語あるいは、もろもろの述語の性質である（フレーゲ）というテーゼに総括される。

（一）〈或るものが存在する〉という状況があるとして、この状況が〈或るものが存在するかどうか〉ということに関する情報を私たちに与えてくれる決定手続ないし探求戦略に依存するということは、ごく単純な意味でありえない。存在は認識論的に中立である。別言すれば、〈ある〉の意味は意味論的に組織された私たちの探求の次元を超えた地点にまで及んでいる。〈それに対して私たちが述語を自由に使えないような或るものが存在するかもしれない〉ということを、私たちは原則的によろこんで認める。この或るものを、私たちは言語的記述によって特徴づけることはできず、せいぜいよくて代名詞（〈何か或るもの〉）によって暗示しうるだけである。

（二）意味論的次元を超越している、このような〈ある〉の意味について、そもそも私たちに情報が与えられているならば、私たちが意味論的次元の周辺地域となんらかの仕方で接触している、ということが前提されている。原理的にいって、すでに私たちの感性によって、私たちはこのような接触を保持しているのである。私たちの感性を通して私たちは、私たちが意味論的に特徴づけることのできる以上のことを体験している。しかし私たちはさらにその上に可感的なものの次元の周辺領域との接触も必要としている。というのも、〈ある〉の意味は私たちの感官を超えた地点にまで達しているという、このことも私たちは原則的によろこんで認めるからである。

（三）　それゆえ問いは、〈意味論的・感覚的に特徴づけられうるもの〉の周辺地域があるとして、そのような領域との接触をいかにして私たちは保つのか、ということになる。〈ある〉の意味が〈意味論的・感覚的に特徴づけられうるもの〉へと還元されるべきでないなら、私たちは自由にこのような接触を行ないうるのでなければならない。このような問いに答えるために、ここでシェリングは人間学的な診断結果へと立ち戻る。それによれば、私たちは意味論的・感覚的領域の内で同一性を構築するにもかかわらず、私たちの心的状態は根本的意味においてつねにすでにそのような意味論的・感覚的領域の外にある。率直にいうと、意味の深層において は、私たちは実際に私たちの外にあるが、それはそもそも私たちが私たちへと到来しうるためなのである。この〈自己の外にあること〉にはひとつの経験様式が含意されている。〈私たちの妥当要求が主観に依存していない〉ということに意味を与えようとするとき、つねに私たちはそのような経験様式を必要としているのである。同じことが私たちの存在理解についてもいえる。それによれば、〈或るものが存在する〉というのは〈存在をたしかめるまでもなく存在する〉というのと同義である。さらに言いかえると、〈ある〉は結局のところ、ことがらの性質や述語の性質ではない。〈ある〉というのは、そもそも〈ある〉が性質であるならば、世界の性質である。しかしそもそも世界は生起したものである以上、このこと〔世界の性質である〕によっても〈ある〉の意味は決して汲みつくされていない。要するに、究極の意味では〈ある〉はものでも、述語でも、世界でもない〈何か或るもの〉の性質なのである。〔それゆえ〕〈ある〉は総じて性質などではなく、あらゆるものが存在するための〈それだけで十分な条件〉である。あらゆるものが存在するための条件のこのような自己充足性こそが『諸世界時代』の対象なのである。

つねに考慮しなければならないのは、シェリングの要求しているのが、概念的に決定されうる〈ある〉の意味の説明ではなく、この種のあらゆる決定がすでに依拠している〈ある〉の意味の説明である、ということである。私たちがたとえば〈F'sがある〉かどうかを吟味したければ、〈或るものが存在する〉ということはどのようなことかということを、私たちはすでに熟知していなければならない。〈述語から解きはなたれた空間〉における存在を語ることの困難は、もちろん相当なものである。なぜならば、私たちの合理的次元に全体として先行している経験様式を私たちは用いざるをえないのだから。『啓示の哲学』においてシェリングはこれを次のように定式化している。「概念に関するもの、〈何〉に関するものが、ここにはまだひとつもない。そのような場にある〈あるもの〉を理性は絶対的な〈自己の外〉としてしか定立できない（ただし、もちろんそれはあとから、アポステリオリに、この〈自己の外〉を取り戻して理性の内容と化し、このようにして同時に理性自身がみずからの内へ帰還するためである）。それゆえ、この定立にともない理性は自己の外に定立されている。理性は絶対的な意味で脱自的である」[106]。このような合理性以前の〈ある〉の意味、このような脱自的な存在《概念》は〈何か或るもの〉をあてにしている。〈何か或るもの〉の存在はあらゆる概念性に先行しており、それゆえ〈何か或るもの〉は概念的ではなく、概念なしに、ただ経験的にのみ認証されざるをえない。純粋経験はここでは、〈何か或るもの〉へと代名詞的にかかわる〈理性の脱自〉という様式をとる。因みにこのような考察を理解するのに神学的解釈の助けを借りる必要はかならずしもない。実のところシェリング自身がそのように述べているのである。「したがって積極哲学において私は――かつての形而上学や存在論的証明もそうしようとしたにもかかわらず――神の概念からは始めない。この概念、*神という*概念をこそ私は放下しなければならないが、それは〈たんなる存在するもの〉から始めるためである。この〈たんなる存在するもの〉においてはまさにこの〈たんに存在する〉ということ以外のことは考えられていない(107)」。

いまや疑いようもないが、このようなシェリングの脱自的な存在概念によって批判〔哲学〕的制限をもつカントの理性概念が粉砕されてしまう。それにもかかわらずシェリングにとってなにより重要なのは、彼の考察とカントの批判的帰結とがかならずしも相容れないのでない、ということを証明することである。それゆえこの点において、たとえ*カントをはるかに超え出ている*としても、シェリングはいまだに*正統的カント主義者*なのである。

カントによると、〈純粋理性の理想〉、〈あらゆる可能性の総体〉は――そもそも私たちが、たとえば独断的形而上学に典型的に見出される理性の不正使用という罠に陥りたくなければ――〈それは存在する〉と主張することの許されないものである。私たちがたんなる理念（魂、神、世界）から、それに対応する〈存在するもの〉へと推論するならば、理性は不正に使用される。この推論において私たちは――〔不正でないと〕証明されうる、言いかえると、私たちの継続的な認知的努力をたんに統制することにのみ適合している――悟性使用の限界を踏み越えてしまう。このようにして理念に対応する〈存在するもの〉へと推論が行なわれ、〔限界が〕踏み越えられると、幻想にもとづく仮象の認識だけが生み出される。批判的観点からみて、このように私たちの理性使用が制限されている、ということについては、シェリングも同じ意見である。それにもかかわらずシェリングは超越論的理想に対して存在を否認しようとしていない。どうしてこのようなことができるのだろう。さしあたり次のことだけはたしかである。つまり、私たちはたんなる理念の概念からそれに対応する〈存在する〉或るものへ推論すると僭称しているのではないのである。実際シェリングにとっても、そのような推論は非合法な越権行為〔超越〕である。だとすると私たちに必要なのは、あらゆる概念にすでに先んじている経験だということになる。私たちはこのような経験をすでに意味論的次元の外で行なっているのだから、そもそも私たちにはこの次元を踏み越える〔超越する〕必要などない。私たちがこの意味論的次元に再び舞い戻ることができるように配慮しさえすれば、それでこと足りるのである。このような経験があるならば、問題は〈超えてゆくこと〉ではなく〈降りてゆくこと〉である。それゆえシェリングは言う。「積極哲学は（上から下へ向かう）〈降リテユク哲学[108]〉」である、と。

〈何か或るもの〉は存在しているが、ただ存在しているだけである。言いかえると、それは述語によって（Ｆとして）規定されうる制限なしに存在している。このような〈何か或るもの〉に関して私たちが意味論の次元の外でつねにすでに行なっている経験は、どのような特徴をそなえているのであろうか。いずれにしてもこの経験は、私たちが私たちの外にあるという、つまり、私たちが私たちのもとではなく〈何か或るもの〉のもとにあるという、ただそのことによってのみ、私たちが行なう種類の経験でなければならない。この種の経験をシェリングは〈狂気〉、〈脱自〉としてとらえている。しかしこの劇的（ドラマティック）な言いまわしは、私たちの基本的経験を、つまり、私たちが或るものと関係するとき、私たちは私たちのもとではなく〈何か或るもの〉のもとにある、という経験を言いあらわすためのいささか大胆な専門用語にすぎない。このような〈何か或るもの〉への関連づけは意味論の下層に位置するもの、つまり予言術的な種類のものである。さらに付言しなければならないのは、私たちは最初に〈何か或るもの〉のもとにあり、そのあとで初めて私たちのもとにある、ということである。

このように私たちは、根源的な〈外にあること〉からしだいに目覚め、ようやく私たちへと到来する。この根源的な〈外にあること〉を選択することによってシェリングは最初の人になる。つまり、のちのM・ハイデガーやG・ライルのような――カントによって課される内在への義務によってさらに継続される――〈監獄としての意識〉というデカルトの理論を根本的に粉砕する人々の筆頭にシェリングは位置している。ひろく一般に知られているように、デカルトの理論を解説するにあたって、G・ライルは次のような例を用いている。「しばしばもち出される人気のある疑似問題に《どのようにして人は自分の感覚を超えて外にある現実に達しうるのか》というものがある。あたかも私たちが次のような状況にあるといわんばかりだ。それによると――ひとりの囚人が四方を壁にかこまれた窓ひとつない独房で暮しており、生まれてこのかたそこに監禁されるという苦役に服している。外界から彼のもとにとどけられるものといえば、独房の壁の上へと落ちかかる光のゆらめきと石壁を通して聞こえる物音しかない。しかしこの光と音を観察することによって、この囚人は観察できないサッカーの試合、花壇、日食についての情報を得る、あるいは得るようにみえる――というのである。だとすると、どのようにして囚人はこれらの記号の解読を習得するのだろうか。それどころか、解読すべきあるものがあるということだけでも、どのようにして発見するのだろうか[109]」。

G・ライルにとってこのような理論は、心を〈機械のなかの幽霊〉とみなす型（タイプ）のカテゴリー・ミステイクの一種でしかない。デカルトの理論の反証となる現象学的診断の結果（これにG・ライルは示唆を得たのかもしれない）をハイデガーは次のように要約している。「〇〇へと向かい、つかまえるとき、現有（ダーザイン）は最初それが閉じこもっていた内なる領域から初めて出てくるというわけでは決してない。そもそものあり方からして、現有（ダーザイン）はつねにすでに《外に》ある。それは、そのつどすでに発見されている世界の内部で出会われる〈あるもの〉のもとにある[110]」。この《そもそものあり方》の理論を提示するにあたり、最後にハイデガーはひとつの分析を行なっている。そこでは――あたかもシエリングの直観を相続するかのように――現有（ダーザイン）が脱自的地平から客観化を行ないつつ初めて〈ものども〉へと帰還するさまが分析されている。「事実的な現有（ダーザイン）は……〈現（ダー）〉の統一において脱自的に自己と世界とを理解しつつ、この地平からその内部で出会われる〈あるもの〉へと立ち戻る。理解しつつ、〇〇へと立ち戻ることは、〈あるもの〉を現前化しつつ、それと出会わせることの実存論的意味であり、だからこそこの〈あるもの〉は世界内部的と呼ばれるのである」[111]。

ここではハイデガーの理論を議論したいわけではない。肝心なのは、まさにこの直観がすでにシェリングのものであった、ということである。この直観によれば、私たちはある意味でつねにすでに意味論的次元の外に、〈存在する何か或るもの〉のもとにいて、つねに私たちはこの〈何か或るもの〉からようやく〈限定された存在するもの〉へ帰ってくる、ということになる。私たちがつねにすでにそのもとにあるものは、〈述語的なもの〉、〈概念的なもの〉を何ひとつそなえていないし、概念から出発して初めて推論されるものでもない。このような〈存在する或るもののもとにすでにあること〉についてはカントの批判はあてはまらない。ちょうどそのようにシェリングは論じている。「私が最高存在者の理念からその存在を推論するならば、これは［非合法の］超越である。つまり、私が最初に理念を立てておいて、いまやこの理念からその対極にある存在へと達しようとするのだから、ここにあるのは［非合法の］超越である。しかし私が〈あらゆる概念に先行するもの〉から始めるのなら、ここでは私は何も踏み越えていない。むしろ、〈あらゆる概念に先行するもの〉の〈ある〉を超越的〈ある〉とよび、この超越的〈ある〉のもとにありながら、私が概念へと進むなら、そのとき私は超越的〈ある〉を踏み越えはしたが、それによって再び内在的になったのである。……カントは形而上学に超越することを禁じている。しかし彼はただ〈独断的にふるまう理性〉に対してのみ、言いかえると、〈理性自身から推論を介して存在へ達しようとする理性〉に対してのみ、それを禁じているのである。しかし逆に、〈たんなる存在するもの〉、それゆえ〈無限に存在するもの〉から〈後ナルモノ〉である最高存在者の概念へと至る、ということについては、それをカントは禁じていないのである（というのも、このようなことをカントは思いつかなかったし、このようなことが可能であるとは思いもしなかったからである）[112]」。

因みに最高存在者のこのような概念をとらえる必要はなく、〈述語のない存在するもの〉、〈存在する何か或るもの〉への関連づけが確保されてさえいれば、それで十分である。しかしこの関連づけは確保されなければならない。なぜならば、さもないと私たちは、そもそもいかなる関連づけも、言いかえると〈述語による対象とのいかなる関連づけ〉も失ってしまうからである。というのもその場合には、〈何か或るもの〉について私たちに自由に使えるような理解はひとつもないということになるが、この理解がないと〈限定された何か或るもの〉についての理解も失われてしまうからである。〈存在する何か或るもの〉へのこのような関連づけは〈あらゆる限定された述語づけ〉のなかにまで染みわたっている。しかもいわゆる存在汎化、言いかえるとFaから（∃x）（Fx）への推論において、このことは顕著である。存在汎化というのは〈存在する何か或るもの〉に対する私たちの〈合理性以前の述語的でない関連づけ〉の〈合理的・述語的な反響〉である。

このようにシェリングの思弁は〈述語づけと関連づけの理論〉から出発しつつ、それへと回帰するような形而上学的理論である。そしてそのようなものであるかぎりそれは今日でもなお議論に値する。私たちはシェリングの哲学を、少なくともこのような観点から、あらたに研究しなおさなければならないように思われる。そしてこの努力によって得られる成果は、「私たちの身に起こるかずかずの善きもののなかでも、その最も偉大なものは狂気から生まれる」[113]という今に至るまで理解されたことのない、プラトンのあの注目すべき命題の一種になるだろう。〈*宣言する真偽判定可能なロゴス*〉がその背後にある〈*脱自的な予感するプシュケー*〉をさし示している[114]、ということを理解したのは、プラトンのあとではただシェリングだけであり、その理解は前例のないほど徹底したものであった。なるほどシェリングは彼の思弁を――*おそらくそもそもそれが耐えうるものになるためだけに*――神学的な使用許諾(ライセンス)のなかへと埋めこみはした。しかしこのような使用許諾(ライセンス)にもかかわらず、シェリングの思弁の徹底性には依然として〈精神の安定をゆるがすもの・狂わせるもの〉がある。〈*危険のあるところ救いもまた育つ*〉とヘルダーリンは形而上学的慰安のための標語(モットー)を定式化した。シェリングの確信はこれとは正反対である。〈*救いのあるところ危険もまた育つ*〉。

第5章　後記

シェリングの形而上学がはなつ魅力は、彼の思想による発掘が次のような地層にまで及んでいるということに、その理由の一端がある。つまり、根という根がことごとく朽ち果てるので、そこにもはやいかなる存在者〔本質〕も根を下ろしえない地層のことである。言いかえると、彼の発掘は理性の深淵に達している。この深淵は理性の前提である。しかしそれにもかかわらず理性はこの深淵に近づいてはならない。私たちがいまだ手に入れたことのない現代性のきらめきが、このような構想にはある。というのもシェリングは、合理主義のとなえる素朴な〈理性の楽観主義（オプティミズム）〉と相対主義のとなえる現実逃避的な〈理性の悲観主義（ペシミズム）〉の双方から等しく距離をとっているからである。むしろシェリングが提示しているのは——偶然にではなく——必然的に危険に晒されているひとつの合理性の理論である。この危険がなければ、合理性は自己を維持するためのエネルギーを失うだろうが、同時にこのエネルギーの源に対して距離を保たなければならないのである。理性に力を供給するのは理性の故郷のようなものではない。想起しなければならないものでありながら同時に回避しなければならない前提がそのようなもの〔力の源泉〕なのである。本質的に二重の危険の内に合理性はとらえられている。つまり、源泉との距離を失う危険と源泉との接触を失う危険とである。この考え方にしたがえば、私たちが合理的と呼びうるのは、みずからの諸前提を意識しながら、決してこれらによって追いつかれない態度である。ところでこの点にこそ、この見地の現代性はある。たとえば、私たちは私たちが置かれている歴史を自覚しながら同時に歴史の強制力に巻きこまれないようにしなければならないが、ちょうどそのような具合にこれらはふたつともに必須なのである。この交差（二重性）はバランスを喪失する危険を積極的に自己の内に取り込む。この危険がそなえる積極性は、合理性には除去できないものが、つまり歴史性があるということの指標である。要するに、不整合なエネルギーと整合の必要性とのあいだに、それ自体は時間的でなく時熟しつつある敵対関係があるなら、積極性というのはたんに成功しつつある、言いかえると発作的に生まれる、この両者の合力にすぎないのである。

　シェリングによれば、このような症候群（シンドローム）には普遍性があるので、これを宇宙論的に解釈することもできる。シェリングの解釈にしたがえば、人類（ホモ・サピエンス）の合理性は宇宙の生成過程（プロセス）の〈こだま〉である。つまり、この宇宙の生成過程（プロセス）は、自己認識する宇宙という様式をとって、私たちの認識体制までも貫通して進むのである。だからシェリングによれば、たとえただひとつの宇宙しかないという前提の上であろうと、認識論は宇宙論と一体である。それにもかかわらず、この一元論的テーゼが維持されうるのは、のちに精神として登場するものを宇宙の発生においてすでに稼動させることに成功する場合にかぎられている。この方法論的トリックが擁護されうるならば、ただその場合にのみ、認識論と宇宙論との同一性テーゼは決め手になるのである。またこのテーゼが保証されるならば、ただその場合にのみ形而上学の名に恥じない形而上学がある。このような形而上学の企図（プロジェクト）の競合相手は――科学でなく――神話である。この意味においてシェリングの『諸世界時代』はいまだに〈新しい神話〉・〈理性の神話〉を求める『ドイツ観念論の最古の体系計画』の実現を指針としている。

この企図（プロジェクト）がいまだに利用可能であると、今日の私たちに思われるとすれば、それを可能にしているのは、この形而上学の採用する〈述語づけの理論〉というアプローチであるのはまちがいない。事実このアプローチにしたがって私たちの再構成は行なわれたのである。なるほど、シェリングの意図の全部ではないとしても、しかし次のような意図ならば、少なくともこの方法論的観点からとらえられるだろう。それは、彼の企図（プロジェクト）をいまだ書かれざる形而上学の序曲と見なすことを可能にする意図のことである。それにもかかわらずこの形而上学は次のような形而上学ではない。すなわち最大の認識として解釈される、それゆえ諸学よりも大きな安全性をもちうる、あるいはもとうとする形而上学ではない。この形而上学は最小の認識と解釈されうる。それは合理性の危険地帯に定住する形而上学である。この形而上学は認識の零度の近くに、不確実性の経験の圏内に、いずれにせよ発見的言説の内に住まっている。ここにこそ合理性の実験室はある。というのも「対象にまだ秘密が、不明なものが残っているときにのみ、精神はあれこれの対象のあいだで活動する」[1]からである。このひかえめな意味において実際に形而上学は〈秘密の学〉である。この学は日の光を恐れなければならないわけではないが、しかしやはり私たちが何ひとつ真に受けないあいだ、すなわち思索に没頭しているあいだつねにいるところに住まう学なのである。

このように形而上学が基礎的発見学として設計されるならば、カントの場合と同様、たしかに合理的神学の遺産は相続されない。しかし形而上学のあらわれる場所は、シェリングによってカントの統制的〈出口〉を超えていっそう深いところへと置かれる。というのもカントは次のような問いを立てるのを忘れたからである。それは〈統制的性格をもつ地平へと整えられているということが世界内存在者である主観性にとって何を意味するのか〉という問いである。すでに触れたように、この方向づけをプラトンは宣言するロゴスに先行する予感するプシュケー[2]の構造に根ざすものとした。アリストテレスにならってこの方向づけを自然本性的な認識欲[3]と呼ぶこともできよう。〔私たちも〕ここに接点を求めることができる。というのも、私たちは同定しつつ述語づけることによって世界を分節するが、しかしこの分節はつねにただ志向性のベクトルを現実化するにすぎないからである。そこでこの志向性のベクトルに立ち戻れば〈何か或るものに向けて私たちが整えられている〉ということに関する教説という慎ましやかな形態が形而上学に与えられるわけである。これにともない名詞的形而上学という伝統的役割から解きはなたれ、形而上学はかわりに代名詞的形而上学という外見を身にまとう。というのも、たんに代名詞的情報しかもたない〈述語以前の探求モデル〉においても、先述の方向づけは十分に理解可能だからである。持続を求めるくだんの名詞的探求は、存在する〈何か或るもの〉という意味においてつねにあらかじめ代名詞的に見出されているのだから、それは〈述語以前の探求モデル〉によって確立されているのである。要するに《無限ノ存在ニ関スル直知ニモトヅク知識》として。

さらにあらゆる発見を共鳴作用(4)ととらえるならば、この代名詞的発見の共鳴として生じるのは、私たちがふつう〈意識〉と呼んでいるものの認識である。〈何か或るもの〉への方向づけがはっきりとあらわれるにつれて意識はますます明晰になる。けれども原則として意識は名詞的にいえば放心状態にある。代名詞的な方向づけによって私たちはアプリオリにあらゆる限界の彼岸にいる。言いかえると、私たちは名詞的に超限（transfinit）なのである。私たちがそもそもこの境界・定義を〔私たちによる〕限界規定として認識しうるのも、すなわち制限する権限をもつのも、この代名詞的方向づけのおかげなのである。

この意味において超限的探求モデルは、私たちの情報処理が開いたままであるという、まさにそのことを保証する。しかしこれはどのようなことを意味するのだろうか。この〈開け〉そのものが、さらに〔私たちの〕神経装置の性質なのだろうか。もしそうなら、能動・受動しているそれ自体が物質的である体系（システム）を考慮に入れなければならないだろう。ところがまさにこの体系（システム）そのものが非物質的でなんら規定されていない極へと方向づけられているのである。この方向づけそのものがさらに神経機構（メカニズム）の産物であるならどうだろう。そうだとしても私たちの情報処理は自己自身の準備作業のもとで行なわれている。〔言いかえると〕情報処理の有限な操作は自己自身の超限的序曲にもとづいて可能となっているのである。だとすると〔たとえこのように想定してみたところで〕どうしても〈私たちの脳そのものがひとつの窓を作ったのだ〉と言わざるをえない。この窓から私たちはたしかに身をのりだすことはできないし、それどころ決して外をながめることもできない。それにもかかわらず、この窓からは未規定性という乳白色の微光が私たちのなかへ差し込んでくるのである。この微光は向日性を生み出す。つまり情報処理がひとつの方向をもつようになるのである。この向日性を象徴しているのが超限的探求モデルである。このモデルによって認識論上の有限主義が初めて可能になる。それゆえ私たちによる認識上の努力の名詞的収益である規定性は真の謎ではない。未規定性こそが真の謎である。未規定性——シェリングの言葉では根源的否定——は形而上学の真髄である。この否定において意味論的観念論は挫折する。したがって真なるものは全体である、ただひとつの例外をのぞくならば。

解題

著者ヴォルフラム・ホグレーベ（Wolfram Hogrebe）は一九四五年生まれのドイツの哲学者である。デュッセルドルフ大学で博士号・教授資格を取得し、デュッセルドルフ、イェーナ、ボンの各大学で教授を務め、現在はボン大学名誉教授である。本書以外の代表的著作に『カントと超越論的意味論の問題（*Kant und das Problem einer transzendentalen Semantik*）』（一九七四年）、『形而上学と予言術（*Metaphysik und Mantik*）』（一九九二年）、『予感と認識（*Ahnung und Erkenntnis*）』（一九九七年）、『無知のこだま（*Echo des Nichtwissens*）』（二〇〇六年）、『哲学的シュールレアリズム（*Philosophischer Surrealismus*）』（二〇一四年）などがある。このように決して寡作というわけではないにもかかわらず、ホグレーベの著作の日本語訳は本書が初めてとなる。ただし論文については「認識なき認識論（Erkenntnistheorie ohne Erkenntnis）」が『カント・現代の論争に生きる〈上〉』（理想社、一九九八年）に収録されている。

本書『述語づけと発生』は一九八九年に刊行されたホグレーベの代表作のひとつであり、中期シェリングの未完の遺稿『諸世界時代』に、二〇世紀の英米言語哲学の知見をふまえた解釈を施すことによって、シェリング哲学の現代的意義をあきらかにすることを目的としている。このように本書の意図はきわめて野心的であるが、その議論は歴史的・文献学的研究に支えられた堅実なもので、刊行の当初よりシェリング研究者のあいだでも評価が高く、本書はすでに現代シェリング研究の必読文献に数え入れられている。初期の反応のなかで主なものをあげるならば、スラヴォイ・ジジェク『仮想化しきれない残余（*The Indivisible Remainder*）』（青土社、一九九七年、原書は前年の刊行）には本書への言及が見出されるし、わが国でも菅原潤が『シェリング哲学の逆説』（北樹出版、二〇〇一年）で本書に一章を割いている。さらに最近では、ボン大学におけるホグレーベの後任であるマルクス・ガブリエルがその影響を公言していることでも知られている。

本書の原題は、*Prädikation und Genesis*（プレディカチオーン・ウント・ゲネジス）である。〈発生〉はゲネジスの訳語だが、この語には〈創世記〉という意味もある。そう訳してもかまわないのだが、ここでは〈世界の発生〉という意味をこめつつ、たんに〈発生〉とした。

本書は五つの章に分かれている。これから語られるであろう内容を暗示するホフマンスタールの詩「世界の秘密」が不穏な音を鳴り響かせる〈序曲〉が終わり、徐に幕があがると、イェーナにおける楽しげな共同生活の描写が始まる。この〈第一幕〉はダンテを理想と仰ぎながら、その実現を断念せざるをえないシェリングの挫折につぐ挫折の物語である。最愛の妻カロリーネを失ったあと、力をふりしぼって『諸世界時代』の執筆にとりかかるものの、またしても頓挫する哲学者の姿に、ホグレーベは「このような挫折が可能である地点にまで問題の奥深く足を踏み入れた」ことの証拠を見てとる。続く〈第二幕〉では一転、現代に舞台を移し、形而上学の可能性をめぐる極度に抽象的な議論が繰り広げられる。最初、言語分析哲学の諸概念——なかでも述語づけの理論——に定位しながら現代形而上学の可能性が探られるが、その歩みも徐々に行き詰まりを見せると、窮境を脱するために召喚されるのはカントの〈純粋理性の理想〉である。しかし意外にも「ここまでの準備がシェリングへの途上における回り道ではない」のは、カントの〈純粋理性の理想〉がシェリングの『諸世界時代』を解読するための鍵にほかならないからである。〈第三幕〉は実際にこの鍵を使って『諸世界時代』の内奥にまで踏み入ろうとする謎解きのパートである。しだいに露わになってゆく『諸世界時代』の内実のあまりの壮絶さに読者は息を呑むだろう。この再構成の成果が〈世界公式〉の解読を介して、伝統的存在概念とは一線を画す〈脱自的〉存在概念へと集約されると、最後に、シェリング哲学の「現代性のきらめき」が〈意味論的観念論の批判〉と〈代名詞的形而上学〉の構想にあると宣せられて、本書はフィナーレを迎える。

第2章は比較的読みやすく、シェリングの後期哲学への見事な導入にもなっている。ホグレーベによれば、シェリングの後期哲学は「ソクラテスによってプラトンが哲学へと導かれ、詩との決別を果たして以来、哲学に対して大規模に試みられた詩の誘惑」への「抵抗運動の総決算」なのである。第

3章、第4章で詳述される現代形而上学の可能性をめぐる議論と『諸世界時代』の解釈はいずれも難解で、お世辞にもわかりやすいとは言えない。どの程度理解できるかは読者の努力にゆだねるしかないが、ここでは、読解のための当座の手引きとして、よりすぐれた解説の登場を今後に期待しつつ、拙論（浅沼光樹「後期シェリングの現象論——意味論的観念論の批判」『フィヒテ研究』第二八号、二〇二〇年）の名をあげておきたい。

＊

二〇一七年八月頃までに加藤が作成した訳文を、二〇一九年一一月頃までに浅沼が原書と照らし合わせて修正したあと、さらに二〇二〇年秋から二一年春にかけて断続的に推敲したものが、本書の原型になっている。そのため誤訳などの最終的な責任は浅沼にある。また翻訳に際しては、文意の理解しやすさを最優先したため、一文で書かれていても、長すぎると思われる場合には分割するなど、原文との厳密な対応関係が失われている箇所があるほか、いくつかの語句を山括弧（〈〉）で括ったり、原文にはない二倍ダーシを追加したりもしている。引用についても、日本語訳のあるものは可能なかぎり参照したが、いま述べたのと同じ理由から、訳者の判断で適宜変更を加えていることをお断りしたい。そのほか、カタカナ表記になっているのはギリシア語、ラテン語、フランス語、英語などドイツ語以外の外国語であり、亀甲括弧（〔〕）で示した箇所は訳者による補足・注記である。

＊

本書の出版にあたっては、法政大学出版局の赤羽健氏に大変お世話になった。この場を借りてお礼を申し上げたい。

二〇二一年七月

訳者を代表して

浅沼光樹

著 者

ヴォルフラム・ホグレーベ（Wolfram Hogrebe）

1945年生まれのドイツの哲学者。デュッセルドルフ大学で博士号・教授資格を取得し、デュッセルドルフ、イェーナ、ボンの各大学で教授を務め、現在はボン大学名誉教授である。本書以外の代表的著作に『カントと超越論的意味論の問題』（1974年）、『形而上学と予言術』（1992年）、『予感と認識』（1997年）、『無知のこだま』（2006年）、『哲学的シュールレアリズム』（2014年）などがある。

訳 者

浅沼光樹（あさぬま・こうき）

1964年生まれ。京都大学文学部哲学科卒。文学博士。著書に『非有の思惟——シェリング哲学の本質と生成』（知泉書館、2014年）。現在、立命館大学客員研究員・非常勤講師。

加藤紫苑（かとう・しおん）

1989年生まれ。京都大学大学院文学研究科博士後期過程、学修認定退学。論文に「「オルガノン・テーゼ」から「真と美の統一」へ」（『シェリング年報』第25号、2017年）ほか。

《叢書・ウニベルシタス　1134》
述語づけと発生
シェリング『諸世界時代』の形而上学

2021 年 12 月 10 日　初版第 1 刷発行

ヴォルフラム・ホグレーベ
浅沼光樹・加藤紫苑 訳
発行所　一般財団法人　法政大学出版局
〒102-0071 東京都千代田区富士見 2-17-1
電話 03（5214）5540 振替 00160-6-95814
組版：HUP　印刷：日経印刷　製本：誠製本

Printed in Japan

ISBN978-4-588-01134-4

人名索引

＊イタリックスは原注頁数を示す。

ア行

カ行

サ行

タ行

ナ行

ハ行

マ行

ヤ行

ラ行

原　注

第1章

(1)　トーマス・マン『ヨセフとその兄弟』(Thomas Mann, *Joseph und seine Brüder*, Gesammelte Werke, Bd. IV, Oldenburg 1960, p. 9〔『トーマス・マン全集4』所収，高橋義孝訳，新潮社，1972年，17頁〕)。

(2)　トーマス・マン「選ばれし人」(Thomas Mann, *Der Erwählte*, Gesammelte Werke, Bd. VII, Oldenburg 1960, p. 9–10〔『トーマス・マン全集7』所収，佐藤晃一訳，新潮社，1972年，9–10頁〕)。

(3)　トーマス・マン『ヨセフとその兄弟』(Thomas Mann, *Joseph*, op. cit., p. 10〔前掲，17頁〕)。

(4)　Op. cit., p. 9–10〔同，17頁〕.

(5)　フーゴ・フォン・ホフマンスタール「世界の秘密」(Hugo von Hofmannsthal, *Gedichte*, Sämtliche Werke, ed. E. Weber, Frankfurt/M. 1984, p. 43〔『ホフマンスタール詩集』川村二郎訳，岩波文庫，2009年，30頁〕)。

(6)　『シュレーター版全集』(遺稿巻)，M. シュレーター編（*Werke* (Nachlaßband), ed. M. Schröter, München 1979^{2}, p. 218)。

(7)　本章は，私が1986年10月18日，クレーフェルトで開催されたドイツ・ダンテ協会の大会で行なった講演がもとになっている。この本のために原稿を（いくつかの変更を加えた上で）使用する許可を与えてくれたことについて，私は同協会の年報編集者であるマルチェラ・ロッデヴィヒ教授にお礼を申しあげる。――最終的に本書全体の原稿をもとにして，私は1987年の春学期にデュッセルドルフ大学でシェリングについての講義を行なった。版下の作成を手伝って

くれた私の協力者である文学士ブリギット・ハマルスキ氏にも，お礼を申しあげたい。

(8)　文献 1 （シェリング全般）

G. シュネーベルガー『F. W. J. シェリング――文献目録』(G. Schneeberger, *F. W. J. Schelling. Eine Bibliographie*, Bern 1954)。H. J. ザントキューラー『F. W. J. シェリング』(H. J. Sandkühler, *F. W. J. Schelling*, Stuttgart 1970)。H. M. バウムガルトナー編『シェリング哲学入門』(ed. H. M. Baumgartner, *Schelling, Einführung in seine Philosophie*, Freiburg / München 1975)。H. ツェルトナー『1954 年以後のシェリング研究』(H. Zetner, *Schelling-Forschung seit 1954*, Darmstadt 1975)。

文献 2 （『諸世界時代』）

H. フールマンス『シェリングの〈諸世界時代〉の哲学』(H. Fuhrmans, *Schellings Philosophie der Weltalter*, Düsseldorf 1954)。J. ハーバーマス『絶対者と歴史』学位論文，同「唯物論への移行における弁証法的観念論――神の収縮というシェリングの理念にもとづく歴史哲学的な諸帰結」『理論と実践』(J. Habermas, *Das Absolute und die Geschichte*, Diss. Bonn 1954; ders., *Dialektischer Idealismus im Übergang zum Materialismus-Geschichtsphilosophische Folgerungen aus Schellings Idee einer Contraction Gottes*, in: ders., *Theorie und Praxis*, Frankfurt/M. 1963, 108-161)。H. クリングス「シェリングの『諸世界時代』における実在原理」『シュンポジオン』第 4 号 (H. Krings, Das Prinzip Existenz in Schellings ›Weltaltern‹, in: Symposion 4 (1955) 335-347)。W. ヴィーラント『シェリングの時間論』(W. Wieland, *Schellings Lehre von der Zeit*, Heidelberg 1956)。J. A. シュトゥットラー「シェリングの『諸世界時代』の哲学」『哲学研究雑誌』第 16 号 (J. A. Stüttler, *Schellings Philosophie der Weltalter*, in: Zeitschr. f. philos. Forschg. 16 (1962) 600-615)。X. ティリエット「『諸世界時代』の埒外に」『シェリング』全 2 巻 (X. Tilliette, *Schelling*, 2 Bde., Paris 1970, Bd. I, chap. III: *En Marge des Weltalter*, pp. 541 ff.)。M. シュレーター『批判的研究』(M.

Schröter, *Kritische Studien*, München 1971）。L. ツァーン『哲学の限界としての言語――F. W. J. シェリング『諸世界時代』諸断片についての一解釈』学位論文（L. Zahn, *Die Sprache als Grenze der Philosophie. Eine Interpretation der ›Weltalter‹-Fragmente von F. W. J. von Schelling*, Diss. München 1957）。P. L. エスターライヒ『哲学，神話，生活世界――シェリングの普遍史的な『諸世界時代』の観念論と新しい神話の理念』，同「シェリングの『諸世界時代』とドイツ観念論の未完成」『哲学研究雑誌』第 39 号（P. L. Oesterreich, *Philosophie, Mythos und Lebenswelt. Schellings universalhistorischer Weltalter-Idealismus und die Idee eines neuen Mythos*, Frankfurt/M. / Bern / New York / Nancy 1984; ders., *Schellings Weltalter und die ausstehende Vollendung des deutschen Idealismus*, in: Zeitschr. f. philos. Forschg. 39（1985）70–85）。

文献 3（それ以外の必読書）

W. シュルツ『シェリングの後期哲学におけるドイツ観念論の完成』（W. Schulz, *Die Vollendung des Deutschen Idealismus in der Spätphilosophie Schellings*, Stuttgart 1955）。C. チェーザ『シェリングの政治哲学』（C. Cesa, *La Filosofia Politica di Schelling*, Bari 1969）。M. フランク『〈ある〉の無限な欠如』，同『シェリング哲学入門』（M. Frank, *Der unendliche Mangel an Sein*, Frankfurt/M. 1975; ders., *Eine Einführung in Schellings Philosophie*, Frankfurt/M. 1985）。

(9)　それゆえ M. フランクが次のように述べているのはまったく正しい。彼によると，後期シェリングの思弁は今日の私たちにとっても同時代的であるが，まさにそれは「超越論哲学を記号論的に修正するという伝統が……いつのまにか言語の普遍性についての新しい観念論に危険なほど接近している」（シェリング『啓示の哲学　1841／42 年』，M. フランク編「編者の序」（Schelling, *Philosophie der Offenbarung* 1841/42, ed. M. Frank, Frankfurt/M. 1977, Einleitung des Herausgebers, p. 71））からなのである。

第2章

(1)　医師であるJ. F. W. ベーマー博士との最初の結婚によってもうけたカロリーネの娘。

(2)　『カロリーネ——初期ロマン派書簡集』，E. シュミット編（*Caroline. Briefe aus der Frühromantik*, ed. E. Schmidt, Bd. I, repr. Bern 1970, p. 565-66)。

(3)　E. シュミットによる報告。『カロリーネ』(in: *Caroline*, op. cit., p. 743 Anm. 247)。

(4)　『シュライアーマッハーの生涯』，L. ヨナス／W. ディルタイ編，この箇所は第3巻，146頁（*Aus Schleiermachers Leben*, eds. L. Jonas / W. Dilthey, Bd. 1-4, Berlin 1860-63, hier Bd. 3, p. 146)。また『シェリングの生涯——書簡にもとづく』，G. E. プリット編（*Aus Schellings Leben. In Briefen*, ed. G. E. Plitt, Leipzig 1869, p. 289, Anm.）も参照。

(5)　1800年1月6日付の彼女のシュライアーマッハー宛書簡からわかるように，フリードリヒ・シュレーゲルが——さらにはシェリングも——この詩型を愛好するようになったのはドロテア・ファイトの感化によるものであった。「このスタンザ愛好熱をわが家以外にも広めたのが，ほかならぬ私であるというのを聞いたら，あなたはなんておっしゃるでしょう」(『カロリーネ・シュレーゲルとドロテア・シュレーゲル書簡集』，E. ヴィーネケ編（*Caroline und Dorothea Schlegel in Briefen*, ed. E. Wieneke, Weimar 1914, Nr. 184, p. 311))。

(6)　これについてはH. クンツ『シェリングの詩と詩の計画』学位論文（H. Kunz, Schellings *Gedichte und dichterische Pläne*, Diss. Zürich 1955, p. 61-62）の証明を参照。

(7)　本章の注（4）参照。

(8)　『カロリーネ』，E. シュミット編（*Carotine. Briefe ...*, ed. E. Schmidt, op. cit., Bd. 2, p. 6)。「いまやゲーテは君に詩さえも譲渡します。彼の自然を引き渡します。ゲーテは君を遺産相続人に指名するわけには

いきませんから，存命中の人々のなかから君を選んで贈り物をくださるのです」。

(9)　〈自然についての教訓詩〉の計画と〈新しい叙事詩〉の将来構想がシェリングにおいて実際につねに合致しているどうかはなお検討の余地がある。

(10)　これについては『F. W. J. シェリング——書簡と記録文書』第1巻，H. フールマンス編（*F. W. J. Schelling, Briefe und Dokumente*, ed. H. Fuhrmans, Bd. I, Bonn 1962, p. 174 Anm. 24; p. 235）を参照。なお本書の第2巻は1973年，第3巻は1975年に刊行されている。

(11)　この講義予告の背景については，プリット『シェリングの生涯』（Plitt, op. cit., p. 375）を参照。H. フールマンス『書簡と記録文書』第2巻（H. Fuhrmans, op. cit., Bd. II, Bonn 1973, p. 412 Anm. 11）も参照。因みに，この講義の準備のためにシェリングは1802年9月3日，アウグスト・ヴィルヘルム・シュレーゲルに宛てて，彼の講義草稿『美しい文学と芸術について』（*Über schöne Literatur und Kunst*）の閲覧を請うている。1802年3月のベルリーン訪問の際にシェリングはこの草稿に目を通したけれども，詳細に検討したわけではなかったのである（H. Fuhrmans, Bd. II, p. 435 und 436 Anm. 15）。

(12)　『オリジナル版全集』第1部，第10巻（*Schellings sämmtliche Werke*, Erste Abt., Zehnter Band, Stuttgart / Augsburg 1861, p. 441）を参照。

(13)　これについてはD. イェーニヒのすばらしい研究『シェリング——哲学における芸術』第1・2巻（*Schelling. Die Kunst in der Philosophie*, Bd. I u. II, Pfullingen 1966 u. 1969）を参照。

(14)　このテキストはH. フールマンスの翻刻『書簡と記録文書』第1巻（H. Fuhrmans, op. cit., Bd. I pp. 69–71）にもとづいて引用される。

(15)　なかでも以下の文献を参照。E. アウエルバッハ「ロマン派におけるダンテの発見」『文芸学と精神史のためのドイツ季刊誌』第7巻，第4号（E. Auerbach, *Entdeckung Dantes in der Romantik*, in: Deutsche Vierteljahrsschrift für Literaturwissenschaft und Geistesgeschichte VII, 4

(1929) 682–692)。クララ＝シャルロッテ・フックス「ドイツ・ロマン派におけるダンテ」『ドイツ・ダンテ年報』第15号（Clara-Charlotte Fuchs, *Dante in der deutschen Romantik*, in: Deutsches Dante-Jahrbuch 15 (1933), 61–131)。ヴェルナー・P. フリードリヒ『国外におけるダンテの名声』（Werner P. Friederich, *Dante's Farne Abroad*, Rom 1950, bes. pp. 461–465)。

(16)　「ロマン派におけるダンテの発見」(Op. cit., p. 690)。

(17)　『国外におけるダンテの名声』(Op. cit., p. 462)。

(18)　M. ロッデヴィヒ「ヘルダーリンの友人グループの詩におけるダンテ：ジンクレア，シュトイトリン，ラインハルト，ベーレンドルフ」『ドイツ・ダンテ年報』第48号（M. Roddewig, *Dante in der Dichtung des Freundeskreises von Hölderlin: Sinclair, Stäudlin, Reinhard, Boehlendorff*, in: Deutsches Dante-Jahrbuch 48 (1973), 79–106, p. 80 Anm. 4)。もちろん概略的な論述にとどまっているけれども，この点である意味例外なのは，M. シュレーター「神話制作」『哲学研究』第14号（M. Schröter: *Mythopoese*, in: Studia Philosophica 14 (1954) 202–210）である。この論文についてはのちほど言及するであろう。そのほかにA. ゲートマン＝ジーフェルト／O. ペゲラー編『ヘーゲル美学の世界と影響』に対するゲートマン＝ジーフェルトの序（『ヘーゲル研究』別冊・第27号），同「〈人類の教師としての詩〉」『詩的自律？』，H. バッハマイヤー／Th. レンチュ編（A. Gethmann-Siefert, *Einleitung* zu: *Welt und Wirkung von Hegels Ästhetik*, eds. A. Gethmann-Siefert / O. Pöggeler, Bonn 1985, p. XII sqq. (Hegel-Studien, Beiheft 27); dies., *Die ›Poesie als Lehrerin der Menschheit‹*, in: *Poetische Autonomie?*, eds. H. Bachmaier / Th. Rentsch, Stuttgart 1987, p. 78 sqq.）参照。

(19)　「ドイツ・ロマン派におけるダンテ」(Op. cit., p. 90)。

(20)　Ibid.

(21)　今後シェリングの著作は，特に断り書きのないかぎり，M. シュレーター編集のミュンヘン記念祭版にもとづいて引用される。引用に

際しては次の略号を用いる（『シュレーター版全集』巻数，頁数）。著作『神話について』（*Ueber Mythen*）は『シュレーター版全集』第1主巻，1頁以下にある。

(22)　『神話について』，36頁以下。「超越論的」という語句はここではむしろ「超越的」と解されるべきであり，したがってカント的な意味に解されるべきではない。

(23)　「一般に超越論的神話とは時系列にそって語られる虚構の出来事による超越論的対象の叙述である」（『神話について』，37頁）。

(24)　シェリングはアニミズム的世界像の発生について一種の心理学的な説明を試みている。「かつて人間が目に見えるものや耳に聞こえるもの以外に，目に見えないものや耳に聞えないものもあるということを予感したのはまちがいない。しかしそうした予感にとらえられるやいなや……人間が周囲の自然にあまねく生命が行きわたっていると考えたのに何の不思議があろうか。人間の前にあらわれる自然の姿が多種多様であればあるほど，人間の語る神話の内容も豊かに膨れあがり，多種多様になったことに何の不思議があるだろうか」（『神話について』，37頁）。

(25)　もちろんこのときパウロ（『コリントの信徒への手紙二』第3章，6）がふまえられている。シェリングは〈法文〉も彼の文字に対する批判の対象としている。「一族の誰かが罪を犯したならば，その人は冷たく死んだ〈法文〉ではなく，太古の世界の生き生きとした〈実例〉に照らして裁かれる」（『神話について』，40頁）。

(26)　「私たちがこれらの理念を美的なものに，すなわち神話的なものにしないあいだは，民衆はそのような理念には何の関心ももたない。そして逆に神話が理性的なものにならないあいだは，哲学者は神話を恥ずかしいと感じざるをえない。それゆえ〈啓蒙された人々〉と〈そうでない人々〉が最後にはたがいに手をさしのべ合うのでなければならない。哲学者たちを感性的にするために，哲学は神話的にならなければならない。そうすれば永遠の統一が私たちを支配す

る。もはや軽蔑のまなざしが民衆に向けられることもないし，民衆が訳もわからず賢者や聖職者を恐れるということもない。そのときようやくあらゆる能力の平等な形成が私たちのもとにおとずれる。つまり個々人の能力にとどまらず，あらゆる個人の能力の形成である。いかなる能力ももはや抑圧されず，精神の自由と平等があまねく世界を支配する」（H. フールマンス『書簡と記録文書』第 1 巻，H. Fuhrmans, Bd. I, op. cit., p. 71）。

(27)　ヘーゲルが講壇哲学に再び助力を求めているということを，J. リッターは非常に強調している。J. リッター『形而上学と政治』（J. Ritter, *Metaphysik und Politik*, Frankfurt/M. 1969, p. 259 Anm. 3, p. 281 Anm. 1）参照。

(28)　それゆえシェリングによれば「学問の幼少期に哲学は詩から生まれ，詩によって育まれたわけであるが，だとするとちょうどそれと同じように，その完成のあかつきには哲学は――そればかりか哲学を介して完成へと導かれるあらゆる学問も――哲学と一緒につれだって今と同じ数の多くの支流と化して――それらの学問の源泉であった詩という一切を包括する大いなる海へ再び流れこむ，ということを期待しうるのである。しかしこのように学問が詩へと還帰するに際して誰が仲介役を務めるのかというのをたんに一般的に述べるのは難しくない。というのも，このような役割を務めるのは神話だからである」（『シュレーター版全集』第 2 主巻，629 頁）。

(29)　「それゆえ私たちは，宇宙は……絶え間なく進行する爆発を通して自分自身を生み出したと主張する」（『自然哲学の体系の第一草案』（*Erster Entwurf eines Systems der Naturphilosophie*, 1799），『シュレーター版全集』第 2 主巻，120 頁）。

(30)　「この表現［絶え間なく進行する爆発］によって機械的な力を思い浮かべないようにお願いしたい。そのような力ははるかのちになってから自然のなかで活動し始めるのである」（『第一草案』，『シュレーター版全集』第 2 主巻，122 頁，注 1）。

(31) 「学問は所産すなわち事物（Ding）からは出発できない。したがって学問は〈無制約的なもの（das Unbedingte）〉〔Dingではありえないもの〕から出発せざるをえない。……「それは〈ある〉」と言うことのできるものはすべて本性上制約されたものである。したがって〈ある〉そのものは〈無制約的なもの〉でしかありえない」（『自然哲学の体系草案への序論』（*Einleitung zu dem Entwurf eines Systems der Naturphilosophie*, 1799），『シュレーター版全集』第2主巻，283頁）。

(32) 『シュレーター版全集』第2主巻，627頁。

(33) これに続けてシェリングは述べている。「それゆえ〈絶対的な教訓詩〉の始まりと——言いかえると〈思弁的な叙事詩〉の始まりと——学問の完成とは一致する。最初，学問が詩から流れだしたように，詩という大洋へと再び流れこむということが，学問の最も美しい最終的使命でもある」（『シュレーター版全集』第3補巻，317–18頁）。

(34) 本章の注（4）参照。

(35) 『シュレーター版全集』第3補巻，336–37頁。

(36) 『シュレーター版全集』第3主巻，576頁。

(37) Ibid.

(38) 『シュレーター版全集』第3補巻，337–38頁。

(39) 『シュレーター版全集』第3主巻，583頁。

(40) 『シュレーター版全集』第3主巻，469頁。

(41) 『オリジナル版全集』第1部，第10巻，439頁。——因みにこの詩はシェリングの初期の詩『ハインツ・ヴィーダーポルステンによるエピクロス風の信仰告白』（*Epikurisch Glaubensbekenntniß Heinz Widerporstens*）と同じ系譜に属している（Plitt, Bd. I, p. 282–289），参照。

(42) 『シュレーター版全集』第3補巻，427頁。

(43) 『シュレーター版全集』第3補巻，428頁。この講演については，L. シボルスキー「シェリングとミュンヘン造形芸術アカデミー」『ヘ

ーゲル研究』別冊・第27号（L. Sziborsky, Schellmg und die Münchener Akademie der bildenden Künste in: Hegel-Studien, Beiheft 27, 1986, p. 39-64），参照。

（44） F. W. J. シェリング『一般哲学ノ基礎，エアランゲン講義，1820／21年冬学期』，H. フールマンス編（F. W. J. Schelling, *Initia Philosophiae Universae*. Erlanger Vorlesung WS 1820/21, ed. H.Fuhrmans, Bonn 1969, p. 49）。

（45） Ibid.

（46） 『シュレーター版全集』第4主巻，582頁。

（47） Schelling, *Initia* ..., op. cit., p. 19〔シェリング『エアランゲン講義』，19頁〕. ここでシェリングはフッサールの〈エポケー〉を先取りしている。というのも，本文ではさらに次のように言われているからである。「真に哲学しようとする者はあらゆる希望，あらゆる要求，あらゆる憧憬から自由でなければならない。何も望んではならない。無知でなければならない。何も所有しておらず何も身に着けていないと感じなければならない。すべてを手に入れるためにすべてを放棄しなければならない」。

（48） 『シュレーター版全集』第3主巻，578頁。

（49） 『シュレーター版全集』第3主巻，577頁。

（50） マルチェラ・ロッデヴィヒの指摘によって私は，これ以上の詳細な説明もないままこのようなことを主張するとダンテの読者の誤解を招きかねない，と気がついた。というのも，このような主張は，『神曲』の三篇が通俗的に理解された（過去，現在，未来という）三つの時間系列と同じものと見なされている，という印象を与えるからである。しかしもちろんこのような解釈はダンテ自身の説明とそぐわない。実際には，『地獄篇』が『諸世界時代』の「過去」巻に相当するのは，シェリングが論じている〈過去〉が〈時間に先立つ時間〉つまり〈永遠の過去〉だからである。〈永遠の過去〉は三つの時間を妊娠・出産するが，その後もそれ自身が消えてなくなるわけで

はない。すなわち，この〈時間以前の時間〉はたんに〈押しのけられたもの〉でしかなく，そのようなものとしてつねに現存しているのである。そのかぎりにおいてシェリングのいう〈過去〉には，ダンテが地獄の門の頂に書き記した文言（第3歌，6-8行）が見事にあてはまる。

私をなしたるものは，神の力，
至高の知，第一の愛。
私の前に造られたるものはなし
永遠なる事物のほかには。そして私は永遠に続いていく。

両者の連関を最初に指摘したのはM. シュレーターである。「こうして私たちは，この風変わりな導入部を読みながら，いわばシェリングの著作の堂々たる正面玄関を通りぬける。この正面玄関には，その意味合いは変わってしまうかもしれないが，「私をなしたるものは……」というダンテの不滅の言葉が，もういちど刻まれていても不思議ではあるまい。――ダンテの言葉は，非常に丹念に推敲された草稿のひとつで，最後の行のさらにそのあとにシェリングが書き記している言葉を，これまでの道程を回顧してついた深い溜息のような言葉を想いおこさせる。

おお過去よ，お前，思想の深淵よ！」

（『シュレーター版全集』遺稿巻，編者序，XVIII頁）。――それにもかかわらず私が強調したいのは，全体としてみると『諸世界時代』と『神曲』の比較はひとつの観点という以上の身分は要求できない，ということである。つまり，この観点は『神曲』が『諸世界時代』の構造に与えた影響しかあきらかにできないのである。この構造上の影響はもちろん『諸世界時代』の主張にも影を落としているにし

ても，やはりそのような限界がある。――結局のところダンテの代わりにフィオーレのヨアキムが『諸世界時代』のシェリングの三分法の理想(モデル)として浮上するかもしれない。しかしこれはありえない。『諸世界時代』のさまざまな断片の執筆時にシェリングはまだヨアキムの存在を知らなかったからである。『啓示の哲学』第36講義でシェリングがみずから説明しているように，彼がヨアキムを知ったのはヨハン・アウグスト・ヴィルヘルム・ネアンダー『キリスト教と教会の一般史』(Johann August Wilhelm Neander, *Allgemeine Geschichte der christlichen Religion und Kirche*, 6 Bde. 1825ff.）を通してであった。これについてはK. レーヴィット『世界史と救済史』(1953年）の付録1「ヨアキムの教説の変遷」(K Löwith, *Weltgeschichte und Heilsgeschehen* (1953), Stuttgart / Berlin / Köln / Mainz 1979, Anhang I: *Verwandlungen der Lehre Joachims*, bes. p. 192–93）を参照。

(51)　『シュレーター版全集』遺稿巻，(第一校正刷)，75頁。

(52)　『シュレーター版全集』遺稿巻，(第一校正刷)，14頁。

(53)　『シュレーター版全集』遺稿巻，第1巻のための断片，224頁。

(54)　『シュレーター版全集』遺稿巻，(第二校正刷)，118頁。この箇所で再び〈新しい神話〉の計画の自己主張が始まる。しかしその内容は理想郷についての夢物語である。というのも本文の続きは次のようになっているからである。「そのとき思想の世界と現実の世界とのあいだの区別は消滅するであろう。世界はひとつになるだろう。あらゆる学問が仲睦まじくひとつに結びあわされて，初めて黄金時代のような平和の到来が告げられるであろう」。

(55)　『シュレーター版全集』第4主巻，583頁。

(56)　『シュレーター版全集』遺稿巻，(第一校正刷)，14頁。

(57)　『シュレーター版全集』第4主巻，677頁。

(58)　『シュレーター版全集』第4主巻，678頁。

(59)　Ibid.

(60)　全体としてみるならば『諸世界時代』は「つねにある神がいつか

あることになるはずの神（τὸν ποτὲ ἐσόμενον θεόν）について考えたこと」（プラトン『ティマイオス』34a/b〔『プラトン全集12』所収，種山恭子訳，岩波書店，1975年，40頁〕）に関する論考である。

(61)『シュレーター版全集』第4主巻，712頁。

(62)『シュレーター版全集』第4主巻，713頁。

(63)『シュレーター版全集』第4主巻，714頁。

(64) これについては特に，H. フールマンス『シェリングの『諸世界時代』の哲学』（F. Fuhrmans, *Schellings Philosophie der Weltalter*, Düsseldorf 1954）を参照。

(65)『シュレーター版全集』遺稿巻，（第一校正刷），38頁。

(66)『シュレーター版全集』遺稿巻，（第一校正刷），85頁。——車輪と愛とのあいだに密接な関係があるということはシェリングの詩からもあきらかである。この詩は1812年（12月24日）の日付をもち，『恋人へ』，つまりパウリーネ・ゴッターへと題されている。この詩の主題はシェリングの印章である。この印章は右前脚で車輪を踏みつけているスピンクスをかたどっている（編者であるK. F. A. シェリングの注を参照。印章の図版は6頁〔本書2頁〕に掲載されている。印章の写真についてはバイエルン学術アカデミーのW. シーヒェ博士にお礼を申しあげる）。この印章について次のようにうたわれている。

けれどもお前は前足の下で回転する車輪を眺めている
この車輪が茶目っ気たっぷりに私に暗示しているのは変わりやすさではない
この車輪が暗示しているのは，世間の変動と時代の変転のさなかにある
内なる愛の不変性，その至福の静寂である

（『オリジナル版全集』第1部，第10巻，451頁）。

(67)　ダンテの詩行にとって霊感の源となっているのは，とどのつまりはアリストテレスである。それゆえ，そのような詩行をシェリングの用いている比喩と比較するにしても，実際問題としてそれには限界がある。このような懸念材料があるのを私は今の場合にも断じて隠すつもりはない。もちろんシェリングはこの比喩を J. ベーメだけから継承したのではない。字句の上からいえば，シェリングは『ヤコブの手紙』第 3 章・6（ὁ τροχὸς τῆς γενέσεως　人生の車輪）やヘラクレイトス（ἀκάματον πῦρ　飽くことなき火）に依拠しているし，その際のシェリングの表現もあきらかにストア派の伝統をふまえている（『シュレーター版全集』第 4 主巻，607 頁，参照）。

(68)　『シュレーター版全集』遺稿巻，（第一校正刷），87 頁。

(69)　M. シュレーター「神話制作」（M. Schröter, Mythopoese, op. cit., s. o. Anm. 18, p. 208）。

(70)　『天国篇』第 33 歌，86–87 行。正当にもシュレーターはこの詩行に言及している。

(71)　『シュレーター版全集』第 3 主巻，465 頁。

(72)　『シュレーター版全集』第 4 主巻，579 頁。

(73)　Ibid.

(74)　この点で一種の——というのは私たちとは別の目的が設定され，追求されているので——例外は E. エーザー『シェリングの後期哲学における古代弁証法』（E. Oeser, *Die antike Dialektik in der Spätphilosophie Schellings*, Wien / München 1965, pp. 68 sq., p. 97, p. 103, p. 107 sq.）である。——エーザーの功績は何よりも，後期シェリングのアリストテレス主義を浮き彫りにしたという点にある。——本文の執筆の時点では未発表であったが，H. シュレーター「シェリングの《純粋合理哲学》におけるポテンツ論の基礎」『哲学研究雑誌』第 40 号所収（H. Schrödter, *Die Grundlagen der Lehre Schellings von den Potenzen in seiner ›reinrationalen Philosophie‹*, in: Zeitschr. f. philos. Forschung 40 (1986) 562–585）において，慧眼にもシュレーターは，超越論的理想

に関するカントの理論とシェリングの出発点とのあいだの必然的連関をはっきりと見抜いている。

(75) 『シュレーター版全集』第4主巻，590頁。

(76) 『シュレーター版全集』遺稿巻，（第二校正刷），129頁。

(77) 『シュレーター版全集』第5主巻，776-78頁。

(78) 『シュレーター版全集』第5主巻，776頁。

(79) 『シュレーター版全集』第5主巻，465頁，注1。

(80) 『積極哲学の基礎づけ——1832／33年冬学期のミュンヘン講義』，H. フールマンス編（*Grundlegung der positiven Philosophie*, Münchener Vorlesung WS 1832/33 und SS 1833, ed. H. Fuhrmans Torino 1972, p. 222）。

(81) Ibid.

第3章

(1) 『論理哲学論考』4.024〔『論理哲学論考』野矢茂樹訳，岩波文庫，2003年，44頁〕。

(2) E. トゥーゲントハットの最高傑作（マグヌム・オプス）『言語分析哲学への入門講義』（*Vorlesungen zur Einführung in die sprachanalytische Philosophie*, Frankfurt/M. 1976），参照。

(3) R. W. トラップ『分析的存在論』（R. W. Trapp, *Analytische Ontologie*, Frankfurt/M. 1976, p. 195 sqq.）。

(4) 以前，J. ミッテルシュトラースは「述語づけと同じものの回帰」『学問の可能性』所収（*Die Prädikation und die Wiederkehr des Gleichen*, in: ders., *Die Möglichkeit von Wissenschaft*, Frankfurt/M. 1974, pp. 145 sqq.）で，そのように述べていた。

(5) この表現は，E. フッサール『経験と判断』（E. Husserl: *Erfahrung und Urteil*, ed. L. Landgrebe, Hamburg 1972, § 7, pp. 23 sqq.〔『経験と判断』長谷川宏訳，河出書房新社，1999年，20頁〕）による。

(6) 『事実・虚構・予言』（*Tatsache Fiktion Voraussage*, Frankfurt/M. 1975,

p. 83-84〔『事実・虚構・予言』雨宮民雄訳，勁草書房，1987年，107頁〕)。同様のことをN. レッシャー『帰納——帰納的推論の正当化のために』(N. Rescher, *Induktion. Zur Rechtfertigung induktiven Schließens*, München/Wien 1980, Kap. x, pp. 169 sq.）も述べている。二人の思想家にあてはまるのは，方法論的選択肢の排他性のゆえに形而上学が禁止されている，ということである。

(7)　『形而上学』982b 20〔『アリストテレス全集12』所収，出隆訳，岩波書店，1968年，10頁〕を参照。「したがって，まさにただその無知から脱却せんがために知恵を愛求したのであるから，かれらがこうした認識を追求したのは，あきらかに，ただひたすら知らんがためにであって，なんらの効用のためにでもなかった」。

(8)　『現代論理学の根本概念と問題への入門』(*Grundzüge der Logik*, Frankfurt/M. 1969, p. 329)。

(9)　『論理学の方法』(*Grundzüge der Logik*, Frankfurt/M. 1969, p. 329〔『論理学の方法』中村秀吉・大森荘蔵・藤村龍雄訳，岩波書店，1978年，191頁〕)。

(10)　ストローソンの主著『個体と主語』(*Individuals*, London 1959〔『個体と主語』中村秀吉訳，みすず書房，1979年〕）の副題を参照。

(11)　「存在論的相対性」『存在論的相対性』所収（Ontologische Relativität, in: ders., *Ontologische Relativität und andere Schriften*, Stuttgart 1975, p. 95)。

(12)　ふたつの問いは次のようにも図式化しうる。

(1) それは何か——: a, ? gesucht: F

(2) それは何を意味〔指示〕するか——: F, ? gesucht: a.

注意してほしいのは，aがすでにGによって特徴づけられていないと，aのためにFは探し求められえない，ということである。同様にすでにFbを自由に使える人が誰もいなければ，Fのためにaを探し求めることもできない。——さらに《それは何を意味〔指示〕するか》という問いは，意味論的というだけでなく，例示的にも解釈できる。事実や出来事などが《理解できず》，それを説明できない場

合，後者の意味において私は《それは何を意味〔指示〕するか》と問うのである。このように解釈されるなら《それは何を意味〔指示〕するか》という問いは《それは何か》という問いと一対をなす。ただしここで問題になっているのは，個物の疑わしい分類ではなく，出来事の疑わしい説明である。この出来事は（現在の，あるいは未来の）隠れたものの兆候と解釈されるかもしれない。図式化すると，

（3）それは何を意味するか――: p, ? gesucht: q → p.

（13）『トピカ』103b 20〔『アリストテレス全集 2』所収，村治能就訳，岩波書店，1970 年，16 頁〕，参照。

（14）「経験主義のふたつのドグマ」『論理学的観点から』所収（*Two Dogmas of Empiricism*, in: ders., *From A Logical Point Of View*, Cambridge（Mass.）1953, p. 22〔『論理的観点から』飯田隆訳，勁草書房，1992 年，34 頁〕）。

（15）K. ローレンツ『鏡の背面』（K. Lorenz, *Die Rückseite des Spiegels*, München 1973〔『鏡の背面』谷口茂訳，新思索社，1996 年〕）参照。

（16）シェリング『自然哲学への導入のためのアフォリズム集』（*Aphorismen zur Einleitung in die Naturphilosophie*），参照。「〈私が考える，私がある〉というのはデカルト以来，あらゆる認識の根本誤謬である。思考は私の思考ではなく，〈ある〉は私の〈ある〉ではない。というのも，すべては神の，あるいは万有のものだからである」（『シュレーター版全集』第 4 主巻，82 頁）。したがって原則的にはシェリングは《私は考える》の存在汎化のみを解体しているのである。

（17）カント『純粋理性批判』B793，A765〔『カント全集 6』所収，有福孝岳訳，岩波書店，2006 年，56 頁〕。

（18）シェリング『自然哲学の体系草案への序説』（Schelling, *Einleitung zu dem Entwurf eines Systems der Naturphilosophie* 1799, §4），『シュレーター版全集』第 2 主巻，279 頁。

（19）B. カニットシャイダー「シェリングの《思弁的自然学》と現代宇宙論における観念論的認識論のいくつかの要素について」『自然

と主観性』，R. ヘックマン／H. クリングス／R. W. マイヤー編（B. Kanitscheider, *Über Schellings ›spekulative Physik‹, und einige Elemente einer idealistischen Epistemologie in der gegenwärtigen Kosmologie*, in: *Natur und Subjektivität*, eds. R. Heckmann / H. Krings / R. W. Meyer, Stuttgart/Bad Cannstatt 1985, pp. 239 sqq.）参照。

（20） G. パツィヒ「命題と事実」『言語と論理学』（*Satz und Tatsache*, in: ders., *Sprache und Logik*, Göttingen 1970, p. 73）。

（21） 同，74 頁（Op. cit., p. 74）。

（22） 『現代論理学の根本概念と問題への入門』（*Einführung in die Grundbegriffe und Probleme der modernen Logik*, Freiburg / München 1962, p. 155）。

（23） G. ブーロス／R. ジェフリー『計算可能性と論理学』（G. Boolos / R. Jeffrey, *Computability and Logic*, New York / London 1974, p. 147）参照。

（24） 『純粋理性批判』B600，A572 以下〔『カント全集 5』所収，有福孝岳訳，岩波書店，2003 年，264 頁以下〕。

（25） 言うまでもないが，もちろん無数の領域において Fx か $\bar{F}$x かはしばしば決定できない。《真》を《証明可能》によって置き換える言説にとっては――たとえば直観主義的論理学においては――排中律は普遍妥当的でない。

（26） 『純粋理性批判』B601，A573〔『カント全集 5』所収，265–66 頁〕。

（27） 『現代論理学の根本概念と問題への入門』（*Einführung in die Grundbegriffe und Probleme der modernen Logik*, Freiburg / München 1962, p. 35）。

（28） Ibid. それゆえ，ハーゼンイェーガーは目録（カタログ）K_1 を改善された目録（カタログ）K_2 ととりかえる。K_2 は，K_1 が a に対するある性質の適合を確立しない場合に，a に対するこの性質の不適合を書きとめる，等々。

（29） カントによるこの手続きは，管見の及ぶかぎり，まだこのようには解されていない。次の一節の解釈が重要である。「したがってより詳細に探求してみれば，当然私たちが見出すように，この理念は，根源的概念として，他の述語によってすでに与えられているか，あ

るいは並立しえない一群の述語を排除し，アプリオリに汎通的に規定された概念へと純化され，これによってある個別的対象の概念になる。この対象はたんなる理念によって汎通的に規定されており，したがって純粋理性の理想と名づけられなければならない」（『純粋理性批判』B601–02，A572–74〔『カント全集5』所収，266頁〕）。ペーター・ロース「あらゆる〈あるもの〉の汎通的規定に関するカントの原理」『カント研究』第69号（*Kants Prinzip der durchgängigen Bestimmung alles Seienden*, in: *Kant-Studien* 69（1978）170–180）のおかげで，私たちはこの問題に関するおそらく最も明解な研究を手にしているが，彼もこの一節をうまく処理していない。

（30）『純粋理性批判』B604，A576〔『カント全集5』所収，268頁〕。

（31）『純粋理性批判』B603–04，A575–76〔同，268頁〕。

（32）『純粋理性批判』B604，A576〔同，268頁〕。

（33）『純粋理性批判』B606，A578〔同，269頁〕。

（34）『純粋理性批判』B606–07，A578–79〔同，270頁〕，参照。

（35）『純粋理性批判』B607，A579〔同，270頁〕。

（36）『純粋理性批判』B602，A574〔同，267頁〕。

（37）この現象はトゥーゲントハットの形式的意味論では説明できない。

（38）『命題論』19b〔『アリストテレス全集1』所収，山本光雄訳，岩波書店，1971年，101頁〕。

（39）『神話の哲学』（*Philosophie der Mythologie*）第2巻，『シュレーター版全集』第5主巻，465頁。

（40）『神話の哲学』第2巻，469頁。

（41）『神話の哲学』第2巻，469頁。

（42）『神話の哲学』第2巻，470頁。

（43）『純粋理性批判』B606，A578〔『カント全集5』所収，270頁〕。

（44）『神話の哲学』第2巻，469頁。

（45）第7節，参照。

（46）これについてはE. エーザー『シェリングの後期哲学における古代

弁証法』, 特に第 2 部の章「カントとアリストテレスの結合としてのポテンツ論」（E. Oeser, *Die antike Dialektik in der Spätphilosophie Schellings*, Wien / München 1965, bes. 2. Teil, Kap.: *Die Potenzenlehre als Verknüpfung von Kant und Aristoteles*, p. 66 sqq.）を参照。

(47) 『神話の哲学』第 2 巻，470 頁。以下のために，〔同〕参照。

(48) Ibid.

(49) 『神話の哲学』第 2 巻，471 頁。以下のために，同参照。

(50) 『神話の哲学』第 2 巻，472 頁。

(51) Ibid.

(52) Ibid.

(53) 『神話の哲学』第 2 巻，475 頁。

(54) 『神話の哲学』第 2 巻，473 頁。

(55) ここで私はラッセルをムニッツによって語形変化させる。M. ムニッツ『宇宙の理解』，第 6 章「無限」（M. Munitz, *Cosmic understanding*, Princeton 1986, chap. 6: *The Boundless*），ここでは特に 228 頁以下。

(56) 『神話の哲学』第 2 巻，467 頁。

(57) 『神話の哲学』第 2 巻，474 頁。

(58) Ibid.

(59) Ibid.

(60) 『神話の哲学』第 2 巻，476 頁。

(61) 『神話の哲学』第 2 巻，757 頁以下，特に 767 頁以下。

(62) 『神話の哲学』第 2 巻，475 頁。

第 4 章

(1) 『シュレーター版全集』第 4 主巻，575 頁（今後は『諸世界時代』第三校を *W* III と略して引用する）。

(2) *W* III，ibid.

(3) *W* III，576 頁。

(4)　*W* III，581頁。

(5)　*W* III，589頁。

(6)　Ibid.

(7)　*W* III，590頁。同。

(8)　Ibid.

(9)　本書の第12節，第13節を参照。

(10)　『シュレーター版全集』遺稿巻，1979年（第二版），28-29頁（第一稿），128-29頁（第二稿），参照。

(11)　『シュレーター版全集』遺稿巻，194頁。

(12)　『啓示の哲学　1841／42年（パウルスによる筆記ノート）』，M．フランク編（*Philosophie der Offenbarung* 1841/42（Paulus-Nachschrift), ed. M. Frank, Frankfurt/M. 1977, p. 101）。

(13)　*W* III，593頁。

(14)　Ibid.

(15)　ここでは *W* III，586頁以下，参照。

(16)　*W* III，587頁。

(17)　*W* III，588頁。

(18)　Ibid.

(19)　*W* III，592頁。

(20)　Ibid.

(21)　*W* III，595頁。

(22)　*W* III，596頁。

(23)　*W* III，594頁。

(24)　*W* III，596頁。

(25)　*W* III，600頁。

(26)　Ibid.

(27)　Ibid.

(28)　*W* III，601頁。

(29)　*W* III，603頁。

(30)　Ibid.

(31)　*W* III，604 頁。

(32)　Ibid.

(33)　*W* III，604–05 頁。

(34)　*W* III，607 頁，注，参照。

(35)　*W* III，605 頁。

(36)　Ibid.

(37)　*W* III，605–06 頁。

(38)　Ibid.

(39)　*W* III，608 頁。

(40)　『シュレーター版全集』遺稿巻，1979 年（第二版），218 頁。

(41)　文章の途中だが，私の「ニーチェにおける認識上のニヒリズムの破壊」『19 世紀のドイツ哲学』（Destruktion des epistemischen Nihilismus bei Nietzsche, *Deutsche Philosophie im XIX. Jahrhundert*（UTB), München 1987, p. 174 sqq.）を参照。

(42)　*W* III，583 頁。

(43)　*W* III，605 頁。

(44)　*W* III，607 頁。

(45)　*W* III，642 頁。

(46)　*W* III，608 頁。

(47)　Ibid.

(48)　シェリング『近世哲学史講義』（ミュンヘン講義），『シュレーター版全集』第 5 主巻（*Zur Geschichte der neueren Philosophie,*（Münchener Vorlesungen), in: *Werke,* 5. Hauptband, ed. M. Schröter, München 1959, p. 172)。

(49)　『テアイテトス』183b〔『プラトン全集 2』所収，水地宗明訳，岩波書店，1974 年，306–07 頁。ただし引用箇所の前半をホグレーベは別様に読んでいる〕。これについてはW. ホグレーベ『考古学的な意義の要請』（W. Hogrebe, *Archäologische Bedeutungspostulate,* Freiburg /

München 1977, § 16, p. 197）を参照。

（50） 先程引用したばかりのミュンヘン講義（『近世哲学史講義』）においてシェリングは比較的古い論理学における〈重畳的用語〉の教説への参照を求めている。「（Aが〈単純ニ〉ではなくAとして定立される，この種の定立は，比較的古い論理学においては重畳的定立ないし〈重畳〉と呼ばれた）」（『近世哲学史講義』，173頁）。

（51） *W* III，608頁。

（52） *W* III，610頁。

（53） *W* III，614頁および諸所，参照。

（54） 『国家』509b〔『プラトン全集11』所収，藤沢令夫訳，岩波書店，1976年，483頁〕。

（55） *W* III，608頁。

（56） *W* III，616頁。

（57） *W* III，617頁。

（58） *W* III，619頁。

（59） *W* III，623頁。

（60） *W* III，629頁。

（61） *W* III，632頁。

（62） *W* III，634頁。

（63） *W* III，635頁。

（64） Ibid.

（65） *W* III，637頁。

（66） *W* III，629頁。700頁も参照。

（67） *W* III，639頁。

（68） Ibid.

（69） *W* III，615頁，参照。

（70） Ibid.，参照。

（71） *W* III，644頁。

（72） 開放系のための熱力学の概念的パースペクティブからみると，シ

ェリングの思考は驚くべきアクチュアリティを獲得する。このことを，彼の自然哲学に関して証言しているのが，マリー゠ルイーゼ・ホイザー゠ケスラーの著作『自然の産出性――シェリングの自然哲学と自然科学における自己組織化という新しいパラダイム』（Marie-Luise Heuser-Keßler: *Die Produktivität der Natur. Schellings Naturphilosophie und das neue Paradigma der Selbstorganisation in den Naturwissenschaften*, Berlin 1986）である。

（73） H．ハーケン『自然の成功の秘密』（H. Haken, *Erfolgsgeheimnisse der Natur*, Stuttgart 1981, p.20 sqq. et passim.〔『自然の造形と社会の秩序』高木隆司訳，東海大学出版会，1985年，10頁，および諸所〕）。

（74） Op. cit., p. 19〔同，8頁〕.

（75） Op. cit., p. 21〔同，10頁〕.

（76） Ibid〔同，10頁〕.

（77） Op. cit., p. 195〔同，194頁〕.

（78） Op. cit., p. 195–96〔同，194–95頁〕.

（79） *W* III，652–53頁。

（80） *W* III，615頁。

（81） *W* III，653頁。

（82） *W* III，656頁。

（83） *W* III，612頁。

（84） *W* III，611頁。

（85） G．フレーゲ『算術の基礎』（G. Frege, *Die Grundlagen der Arithmetik*, repr. Hildesheim 1961, §§66 sqq.〔『フレーゲ著作集2』所収，三平正明・土屋俊・野本和幸訳，勁草書房，2001年，126頁〕），参照。

（86） G．フレーゲ『遺稿集』，H．ヘルメス，F．カムバルテル，F．カウルバッハ編（G. Frege, *Nachgelassene Schriften*, eds. H. Hermes / F. Kambartel / F. Kaulbach, Bd. 1, Hamburg 1969, p. 283）。

（87） G．フレーゲ『算術の基本法則』（G. Frege, *Grundgesetze der Arithmetik*, Hildesheim 1966, Bd. 1, §17（p. 31）et passim.〔『フレーゲ著作集3』所

収，野本和幸編，勁草書房，2000 年，109 頁，および諸所〕)，参照。

(88) *W* III，611 頁。

(89) *W* III，688 頁。

(90) Ibid.

(91) *W* III，690 頁。

(92) Ibid.

(93) Ibid.

(94) *W* III，695 頁。

(95) Ibid.

(96) Ibid.，参照。

(97) 『積極哲学の基礎づけ――ミュンヘン講義（1832／33 年冬学期および 1833 年夏学期）』, H．フールマンス編（*Grundlegung der positiven Philosophie*, Münchener Vorlesung WS 1832/33 und SS 1833, ed. H. Fuhrmans, Torino 1972, p. 479–80）。

(98) *W* III，705 頁。

(99) *W* III，715 頁。

(100) *W* III，712–13 頁。

(101) *W* III，704 頁。

(102) *W* III，713–14 頁。

(103) *W* III，715 頁。

(104) E．R．ドッズ『ギリシャ人と非理性』(E. R. Dodds, *The Greeks and the Irrational*, Berkeley / Los Angeles 1966〔『ギリシァ人と非理性』岩田靖夫・水野一訳，みすず書房，1972 年〕)，参照。

(105) *W* III，672 頁。

(106) シェリング『啓示の哲学』第 1 巻，『シュレーター版全集』第 6 補巻，162–63 頁（*Philosophie der Offenbarung*, Bd. 1, in: *Werke*, Sechster Ergänzungsband, ed. M. Schröter, München 1960）。

(107) 『啓示の哲学』，前掲，158 頁。シェリングはここでさらに次のように続けている。「そしてそこから神性へと至りうるかどうかをたしか

めるために。したがって私は，本当の意味では神の存在（このとき私はたとえば神という概念から出発する）を証明しえないが，そのかわりに私には〈あらゆるポテンツに先立って，それゆえ疑いなく存在するもの〉という概念が与えられている」。

(108)　『啓示の哲学』，前掲，151 頁，注 1。

(109)　G. ライル『心の概念』（G. Ryle, *Der Begriff des Geistes*, Stuttgart 1969, p. 305〔『心の概念』坂本百大・井上治子・服部裕幸訳，みすず書房，1987 年，334–25 頁〕）。

(110)　『有と時』（*Sein und Zeit*, Tübingen 1977[14], § 13, p. 62〔『ハイデッガー全集 2』所収，辻村公一訳，創文社，1997 年，98 頁〕）。

(111)　Op. cit., § 69, p. 366〔同，540 頁〕.

(112)　『啓示の哲学』，前掲，169–70 頁。

(113)　『パイドロス』244a〔『プラトン全集 5』所収，藤沢令夫訳，岩波書店，1974 年，174 頁〕。

(114)　プラトン『国家』505e〔『プラトン全集 11』所収，473 頁〕。これについてはW. ホグレーベ「一義性と多義性——非不連続存在論の長所」，『第 14 回ドイツ哲学会議録』（1987 年）（W. Hogrebe, *Eindeutigkeit und Vieldeutigkeit. Vorzüge einer indiskreten Ontologie*, in: *Akten des 14. Deutschen Kongresses für Philosophie* (1987)），参照。

第 5 章

(1)　ヘーゲル『美学』，F. バッセンゲ編（Hegel, *Ästhetik*, ed. F. Bassenge, Bd. 1, Frankfurt 1955, p. 578〔『ヘーゲル全集 19c』所収，竹内敏雄訳，岩波書店，1970 年，1419 頁〕）。

(2)　『国家』505e〔『プラトン全集 11』所収，473 頁〕。「魂は，……それがたしかに何ものかであると予感はしながらも」を参照。

(3)　『形而上学』980a〔『アリストテレス全集 12』所収，出隆訳，岩波書店，1968 年，3 頁〕。「すべての人間は，生まれつき，知ることを

欲する」を参照。

(4)　K. ドゥンカー『産出的思考の心理学』(1935年)(K. Duncker, *Zur Psychologie des produktiven Denkens* (1935), Berlin / Heidelberg / New York 1966, p. 90〔『問題解決の心理——思考の実験的研究』小見山栄一訳, 金子書房, 1952年, 150頁〕), 参照。